들어가며

동물의 세계는 신비함과 놀라움이 가득한 보물 상자

여러분은 신기한 것을 봤을 때, 들었을 때 무심코 "정말?", "진짜로?"라고 말하지 않나요? 동물의 생태는 인간이 상상할 수 없는 것들이 산더미예요. 기묘한 형태와 신기한 생활사, 섬뜩한 기술 등 우리가 생각지도 못한 것들이 알면 알수록 드러나죠. 때로는 신비롭고, 때로는 기묘하게도 느껴지는 그들의 생태는 모두 진화 과정에서 몸에 밴 생존 기술이에요.

저런 행동이 어떤 도움이 되는 걸까? 어째서 저런 기술을 익혔을까? 연구를 진행해도 의문이 해소되지 않아요. 그리고 알면 알수록 신기해요. 자, 동물의 신비롭고 재미난 '진짜' 세계를 이 책으로 슬쩍 엿보기로 해요!

동물과학연구소 소장
이마이즈미 타다아키

차례

- 2 들어가며
- 4 차례
- 8 이 책을 보는 법
- 10 어느 날, 토끼귀 신문사……

제1장
진짜 생활이에요!
~믿기지 않는 놀라운 생활사~

- **14 멕시코도롱뇽**
  겉모습은 새끼인 채 어른이 돼요!

- **16 코주부원숭이**
  크고 긴 코가 식사할 때 계속 방해돼요!

- **18 벌거숭이뻐드렁니쥐**
  별난 모습으로 알려져(?) 있지만…
  늙거나 암에 걸리지 않아요

- **20 해달**
  해초를 몸에 감고 자지만,
  없을 때는…
  동료와 손을 잡고 자요

- **22 사이가산양**
  커다란 코에 가습기가 달려 있어요

- **24 사향고양이**
  엉덩이에서 좋은 향기를 얻을 수 있어요

- **26 클라운피시**
  무리 중에 가장 큰 수컷이 암컷이 돼요!

- **28 해마**
  암컷이 아닌 수컷이 새끼를 낳는다고요?

- **30 시클리드**
  알이 부화하기 전까지 입안에서 길러요

- **32 남극빙어**
  엄청 추운 남극 바다에서도
  혈액이 얼지 않아요

- **34 빨판상어**
  다른 물고기에 딱 달라붙어
  스스로 헤엄치지 않고 편안히 생활해요

- **36 흰점박이복어**
  구애하기 위해 해저에
  미스터리 서클을 그려요

- **38 칼럼 알의 진짜예요!**
  ~자랑스러운 알 전시회~

- **40 검독수리**
  눈이 아주 좋아
  1km 밖의 작은 물체도 볼 수 있어요

- **42 두견**
  울음소리를 낼 때
  주변에 경쟁자가 없으면 대충해요

- **44 큰코뿔새**
  암컷은 알을 낳은 뒤
  둥지 안에 틀어박혀 생활해요

- **46 큰머리거북**
  거북이지만 머리가 너무 커
  등딱지에 들어가지 못해요

- **48 코모도왕도마뱀**
  수컷이 없을 때
  암컷 혼자 번식할 수 있어요

50 두꺼비
번식기 때 수컷에게
너무 세게 안겨 죽기도 해요

52 물저장개구리
입을 쓰지 않아도
몸에서 물을 빨아들여 저장해요

54 꿀단지개미
동료 개미를 위해
배에 꿀을 저장해요

56 쇠똥구리
신혼여행은 똥 덩어리 위에서!

58 칼럼 똥의 진짜예요!
~자랑스러운 똥 전시회~

60 황금보석딱정벌레
성충이 되기까지
50년 이상이 걸리기도 해요

62 나방나비
개미의 둥지에 기생해
유충을 먹고 성장해요

64 레우코클로리디움 파라독섬
달팽이에 기생해
새에게 먹히도록 조종해요

66 연가시
사마귀에 기생하고
숙주를 조종해 물가로 돌아와요

68 회전초
바람에 날려 씨를 퍼뜨려요

70 퀴즈 진짜 비교해 봤어요 ❶
공통점은 무엇일까요?

제2장
진짜 기술이에요!
~믿기지 않는 대단한 기술~

72 아프리카코끼리
다리 뒤편으로 멀리 떨어진 곳의
소리를 감지해요

74 웜뱃
공격당하면 딱딱한 엉덩이로
적을 찌부러뜨려요

76 혹등고래
거품으로 상대를 몰아붙이는
필살기! 버블 네트 피딩!

78 두건물범
수컷은 싸울 때 코가
풍선처럼 부풀어요

80 물총고기
먹잇감을 발견하면
물대포 발사!

82 마귀상어
먹잇감을 사냥할 때
턱이 앞으로 튀어나와요!

84 전기뱀장어
말이 감전사할 정도로
강한 전기를 내뿜어요

86 누벨칼레도니까마귀
구멍 속의 유충을 낚기 위해
스스로 도구를 만들어요

88 금조
조류 중에서도
가장 흉내 내기를 잘해요

90 바실리스크이구아나
적이 공격하면
물 위를 달려 도망쳐요

92 칼럼 진짜 날 수 있어요!
~나는 동물 좌담회~

94 뿔도마뱀
적이 공격할 때 마지막 수단으로
눈에서 피를 발사해요

96 개구리
먹지 못하는 걸 삼켰을 때
위주머니째 뱉어요

98 자폭 개미
적이 공격해 위험에 처했을 때
자폭해 적을 쫓아요

100 일본꿀벌
말벌이 공격하면
힘을 모아 쪄 죽여요

102 노린재
몸을 지키기 위해 내뿜는 냄새는
자기들이 죽을 정도로 독해요

104 복서게
적을 위협할 때 말미잘을 휘둘러요

106 딱총새우
몸을 지킬 때 물속에서 충격파를 작렬!

108 해삼
적이 공격하면 내장을 빼고 도망쳐요

110 흉내문어
물고기나 바다뱀 등의
다른 동물로 변신해요!

112 물벼룩
화나게 하거나 공격하면
머리를 뾰족하게 해 위협해요

114 꿀벌 난초
벌 같은 꽃을 피워 수컷 벌을 속여요

116 퀴즈 진짜 비교해 봤어요 ❷
사냥 왕은 누구?

제3장 진짜예요?
~믿기지 않는 의외의 사실~

118 돼지
원래 멧돼지지만 야생화해
몇 세대를 거치면 다시 멧돼지가 돼요

120 하마
땀의 색깔이 핏빛이에요

122 오카피
목은 길지 않지만
기린의 조상에 가까워요

124 삼색 고양이
삼색 털을 지닌 고양이의
99% 이상은 암컷이에요

126 사향노루
노루라는 이름이 있지만
뿔 대신 엄니가 있어요

128 칼럼 진짜 있어요! 출석부 ①
그 이름, 진짜예요?

130 쿠바홍학
선명한 붉은색 깃털은
태어났을 적엔 붉지 않아요

132 나일악어
무는 힘은 동물계 최강이지만
입을 여는 힘은 엄청 약해요

134 뱀장어
미끈미끈한 몸에는
엄청난 비밀이 숨겨져 있어요

136 칼럼 진짜 있어요! 출석부 ②
그 사이즈, 진짜예요?

138 파리
음식을 다리로 음미해요

140 거미
취하면 거미줄 모양이 엉망이 돼요

142 라플레시아, 시체꽃
세계에서 가장 큰 꽃이지만
냄새가 엄청 지독해요!

144 퀴즈 진짜 비교해 봤어요 ③
가장 오래 사는 동물은 누구?

제4장
위험해요!
~믿기지 않는 위험한 녀석들~

146 재규어
이름의 의미는 '일격에 죽이는 자'예요

148 큰화식조
경계심이 강하고 강력한 무기를 지닌
'세계에서 가장 위험한 새'!

150 블랙맘바
겁쟁이 뱀이지만…
아프리카에서 가장 위험해요!

152 독화살개구리
겉모습은 아름답지만
피부에 맹독이 있어요!

154 동갈치
예리한 입을 지녔고 빛을 보면 돌진해요!

156 폭탄먼지벌레
위험에 빠지면
100도에 달하는 가스를 분사해요!

158 기름갈치꼬치
사람이 너무 많이 먹으면
설사가 멈추지 않아요!

160 붉은사슴뿔버섯
만지기만 해도 위험한 맹독 버섯

162 칼럼 해파리도 진짜 위험해요!
~독해파리 좌담회~

164 바비루사
길게 휘어 난 엄니가
머리를 뚫기도 해요

166 땅돼지
몸은 아주 견고하지만
머리가 매우 약해요

168 칼럼 진짜 있었어요!
오해투성이 고생물

170 칼럼 진짜 있었어요!
말도 안 되게 거대한 고생물

172 앞으로도 '난 진짜예요!'는 계속됩니다!
174 색인

이 책을 보는 법

증언자
대회에서 엄청난 비밀을 발표하는 동물입니다.

재현 일러스트
동물의 발표를 일러스트로 그렸습니다.

기초 지식
증언자에 대한 자료입니다.
[주된 크기 표시법]
전체 길이 : 머리에서 꼬리(꼬리지느러미) 끝까지의 길이
몸길이 : 꼬리(꼬리지느러미)가 붙어 있는 부분까지의 길이
등딱지 폭 : 등딱지의 폭
등딱지 길이 : 등딱지의 길이

깜짝 레벨
그 동물의 발표가 어느 정도로 놀라운지를 표시합니다.
☆이 많을수록 놀라움이 크다는 의미입니다.
※토끼귀 신문사의 견해예요.

결론
동물의 발표를 정리해 놓았습니다.

등장인물

캡

토끼귀 신문사의 캡틴. 베테랑 기자답게 생물에 관해 의외로 빠삭하다. 말장난을 좋아하는 게 옥에 티.

우사미

신입 기자. 호기심이 많지만 너무 확신하며, 토끼는 먹지 못하는 인간의 음식도 먹는다.

주최자

'믿기지 않는 경연 대회'의 주최자. 아가미가 남아 있어 어린아이처럼 보이지만, 아들과 딸이 있는 아버지.

동물들

믿기지 않는 대단한 비밀을 발표하는 동물들. 신기한 생활사, 대단한 기술, 알면서도 몰랐던 진실 그리고 위험 동물……. 엄청난 비밀, 얼마나 알고 있을까?

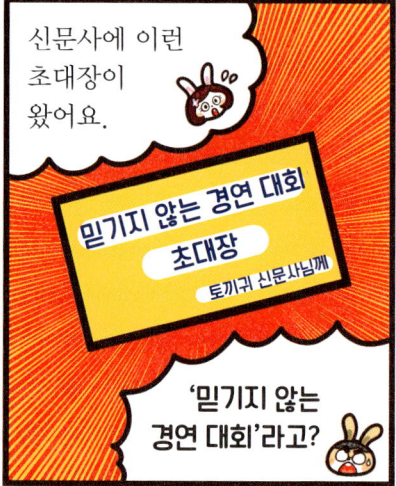

제 1 장

진짜 생활이에요!
~믿기지 않는 놀라운 생활사~

놀라움이 가득한 경연 대회, 시작합니다~!

경연 대회가 시작됐어요. 동물들이 주장하는 '엄청난 비밀'은 무엇일까요……? 캡과 우사미는 무심코 침을 꿀꺽 삼키고 단상을 주목하기 시작했어요.

'진짜예요' 시작!

증언자

겉모습은 새끼인 채 **어른이 돼요!**

멕시코도롱뇽(아홀로틀)의 기초 지식

| 분류 | 양서류 유미목
| 분포 | 멕시코 소치밀코 호수와 그 주변
| 크기 | 전체 길이 20~28cm

깜짝 레벨

제1장 진짜 생활이에요!
~ 믿기지 않는 놀라운 생활사 ~

멕시코도롱뇽

처음에는 주최자인 내가 말할게. 실은 나, **이래 봬도 어른**이야.

캡

에엣! **아가미와 지느러미가 있지** 않습니까? 양서류는 어른이 되면 **없어지는 게** 아니었나요?

멕시코도롱뇽

보통은 그렇지. 하지만 멕시코도롱뇽의 대다수는 **새끼의 모습 그대로 어른이 돼.** 그러니까 내가 아들딸이 있는 아버지야.

우사미

그게 진짜예요? 항상 어린아이 같은 아버지도 멋지긴 한데, 어째서 그런 일이 일어날 수 있는 거죠?

멕시코도롱뇽

우리가 사는 곳은 **수온이 낮고, 성장 호르몬의 주성분인 요오드가 적어.** 그래서 어른이 되는 '**변태(變態)**'가 일어나지 않지.

캡

그럼 수온이 높거나 요오드가 많으면 당신들도 어른 모습으로 변할 수 있다는 건가요?

멕시코도롱뇽

맞아, 맞아. **사육되는 친구 중에는 변태하는 녀석도 있어.** 참고로 어린아이의 모습인 채 어른이 되는 우리는 '아홀로틀'이라고도 불리지.

캡

"아, 홀로" 어린아이라는 뜻인가요?

결론

멕시코도롱뇽은 살고 있는 <u>환경의 영향으로 어린아이의 모습인 채 어른이 돼요.</u>

진짜예요 인정

15

제1장 진짜 생활이에요!
~ 믿기지 않는 놀라운 생활사 ~

 코주부원숭이: 어이! 토끼 누님, 나랑 데이트하지 않겠어?

우사미: 무슨 소리야, 이 코주부원숭이……. 나는 귀가 큰 토끼가 좋아요.

 코주부원숭이: 쳇, 토끼는 모르는 게 분명해~. 이 몸이 지닌 코의 매력을 말이야.

캡: 코주부원숭이 씨는 **길게 뻗고 늘어진 코가 특징**이죠.

 코주부원숭이: 맞아. 그리고 코주부원숭이는 **코가 크면 클수록 암컷에게 인기가 많아.** 이 몸은 특히 크니까 아이돌급이라고.

우사미: 그럼 데이트도 경험이 풍부해서 잘하시겠네요? 식사 정도는 한 번 해 드릴 수는 있죠.

 코주부원숭이: 식사? 으으으음~.

코주부원숭이: 엣, 무슨 일인가요? 뭔가 안 좋은 말이라도 했나요?

 코주부원숭이: 아니, 코가 크고 길수록 인기가 많지만, **식사할 때는 긴 코가 방해란 말이지. 밀어 올리면서 먹어야 해. 엄청 힘들다고~.**

우사미: 인기 많다고 "코"를 우쭐할 겨를도 없겠군요.

결론

수컷 코주부원숭이는 <u>코가 클수록 암컷에게 인기가 많아요.</u> 하지만 <u>식사할 때는 긴 코를 밀어 올리면서 먹어야 하기 때문에 힘들어하죠.</u>

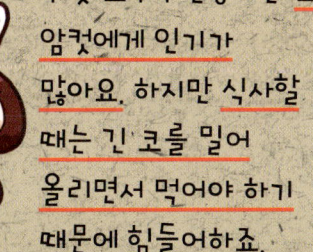

벌거숭이뻐드렁니쥐

증언자

별난 모습으로 알려져(?) 있지만…

늙거나 암에 걸리지 않아요

평생 일한다! 당신의 일자리는?!

여왕님 이불 아르바이트
보모 아르바이트
구멍 파기 아르바이트
영차 영차
군대 아르바이트
자장 자장 하자!
그래 그래

벌거숭이뻐드렁니쥐의 기초 지식

분류	포유류 설치목
분포	아프리카 동부
크기	몸길이 8.0~9.2cm

깜짝 레벨

제1장 **진짜 생활이에요!**
~ 믿기지 않는 놀라운 생활사 ~

벌거숭이
뻐드렁니쥐

반가워. 우리들의 믿기지 않는 이야기를 할게.

바로 알겠어요! **몸에 털이 거의 없고 뻐드렁니가 있는 게 믿기지 않는 사실**이죠!

우사미

벌거숭이
뻐드렁니쥐

아니야~. 그런 겉모습 따위가 아니야. 사실, **암 같은 병에 걸리지 않아.**

인간의 두 명 중 한 명이 평생에 한 번은 걸리는데 말이죠! **그게 진짜예요?**

캡

벌거숭이
뻐드렁니쥐

게다가 **수명이 엄청 길어.** 여왕은 30년 이상 살지.

쥐의 수명은 3년 정도죠. **열 배나 오래** 사는군요!

캡

벌거숭이
뻐드렁니쥐

그것뿐만이 아니야. **살아 있는 동안은 거의 늙지 않아.**

…… 그렇다는 건 항상 청춘이군요. 부러워요~.

우사미

벌거숭이
뻐드렁니쥐

다만, 으음……. 우리는 **여왕을 중심으로 무리를 짓고 지하에 서식**하는데, 계속 일하다 보니 오랜 기간 **계속 일만 하며 살아.**

…… 좋기만 한 건 아니네요.

우사미

결론

벌거숭이뻐드렁니쥐는 수명이 길고 암에 걸리지 않아요. 게다가 살아 있는 동안 늙지 않아 평생을 건강하게 일할 수 있어요.

해달 씨

해초를 몸에 감고 자지만, 없을 때는…

동료와 손을 잡고 자요

놓지 마… 절대 손을 놓으면 안 돼~!

쿨! 쿨!

아… 성게야… 기다려~… 음냐음냐.

해달의 기초 지식

- **분류** 포유류 식육목
- **분포** 북태평양
- **크기** 몸길이 76~120cm

깜짝 레벨

제1장 진짜 생활이에요!
~ 믿기지 않는 놀라운 생활사 ~

캡: 해달 씨는 대부분의 시간을 바다 위에서 보내죠. 잘 때 해류에 떠내려가지 않나요?

해달: 아하하. 그럴 일 없게 **다시마 등의 해초를 몸에 감고** 자지.

우사미: 상처 주려는 의도는 아닌데, **만약 해초가 없을 경우는요?**

해달: **동료와 손을 잡아서 떠내려가지 않게 해!** 자연에는 대부분 해초가 있지만, 수족관 등에서는 그렇게 해.

우사미: 헤에~! 동료와 손을 잡으면 추운 겨울 바다에서도 따뜻하고 기분이 좋겠어요.

해달: 추위에는 강해. 우린 사실 **동물 중에서도 단열에 강한 두꺼운 털을 지녔어. 털이 무려 8억 개나 있지.** 수많은 털 속에 공기를 담아 따뜻해.

우사미: 어라? **손바닥이나 발에는 털이 없지 않나요?** 손을 편하게 잡기 위해 털이 없는 건가요?

해달: 아냐, 아냐. **조개나 돌을 편하게 집기 위해 털이 없어진** 거야……. 발은 지느러미지. 그래서 **손과 발이 차가워.**

캡: 수족 냉증은 어떻게 "해 달"라고 할 수 없네요.

결론

해달은 잘 때 해초를 몸에 감아 떠내려가지 않게 해요. 해초가 없을 때는 동료와 손을 잡아요.

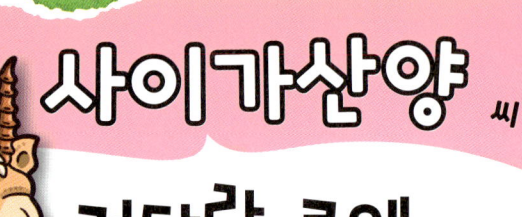

제1장 진짜 생활이에요!
~믿기지 않는 놀라운 생활사~

겨울은 건조한 계절이라 목이 아프기 쉬워서 가습기가 필수예요.

— 우사미

불편하구먼~. 우리는 **천연 가습기를 지녔지.**

— 사이가산양

사이가산양 씨, 어디에 가습기가 있나요?

— 캡

이 아래 방향으로 난 코를 봐. **차가운 공기를 빨아들이고 덥혀, 콧속을 습하게 할 수 있다고.**

— 사이가산양

엄청 편리하네요! 저도 갖고 싶어요. 성형이라도 받을까요?

— 우사미

그러고 보니 사이가산양 씨는 최근 '세균'이 원인이 돼, 절반 이상이 사망했다는 슬픈 사연이 있었죠.

— 캡

맞아. 이 콧속에는 **태어날 때부터 세균이 살고 있는데,** 어느 날 이상 기온으로 평소보다 고온 다습한 환경이 된 탓에 많이 증식했지……. 그 때문에 **개체 수가 많이 줄었어.**

— 사이가산양

개체 수가 줄어들어서 동료와의 "사이가" 더 멀어졌겠네요…….

…… 저, 역시 성형 안 할래요.

— 캡 / 우사미

결론

사이가산양의 아래 방향으로 난 커다란 코는, 차갑고 건조한 공기를 빨아들여 습하게 하는 <u>가습기 기능이 있어요.</u>

진짜 인정이예요

사향고양이 씨

엉덩이에서 좋은 향기를 얻을 수 있어요

사향고양이(말레이사향고양이)의 기초 지식
- **분류** 포유류 식육목
- **분포** 동남아시아 등
- **크기** 몸길이 108~146cm

깜짝 레벨 ★★★★★

제1장 진짜 생활이에요!
~ 믿기지 않는 놀라운 생활사 ~

사향고양이: 커피라도 마시며 이야기를 들으시죠.

우사미: 어머 배려심도 많으셔라. 게다가 당신, 향이 좋네요.

사향고양이: 이 향은 **진짜예요. 수컷의 엉덩이 구멍 근처에 있는 '사향샘'에서 향이 나는 액체가 나오거든요.** 동료에게 영역 표시를 할 때 쓰이죠.

캡: 즉, 향 좋은 엉덩이라는 말씀이군요?

사향고양이: 그렇다고도 할 수 있죠. **사향은 향수의 귀중한 원료가 되는 액체**예요. 그래서 인간이 잔뜩 포획해 개체 수가 줄고 있어요. 다행히도 최근에는 보호받으면서, 향수의 원료가 되는 향료도 인공 합성을 통해 만들 수 있게 되었어요.

캡: 보호받는다니 다행입니다만, 엉덩이에서 향이 나는 건 "사양"하고 싶군요.

사향고양이: 참고로 이 커피는 **한 잔에 몇만 원이나 하는 고급 '코피루왁'인데,** 제 변이 원료죠. 제가 먹고 덜 소화되어 나온 커피콩은 향이 풍부하고 맛이 깊다고 해요.

캡: '변 커피'군요. 그것도 진짜 **믿기지 않는 이야기**네요.

결론: 수컷 사향고양이는 <u>엉덩이 구멍 근처에 있는 사향샘에서 향기 있는 액체를 내뿜어</u>, 동료에게 영역을 표시해요.

진짜 예요 인정

클라운피시 씨

무리 중에 가장 큰 수컷이 암컷이 돼요!

잘 부탁해!

오늘부터 암컷이야♥

어제까지는 이랬는데……

이 몸을 따르라!
익

클라운피시의 기초 지식
- **분류**: 경골어류 농어목
- **분포**: 태평양, 인도양, 일본
- **크기**: 몸길이 4~7cm

깜짝 레벨

제1장 진짜 생활이에요!
~ 믿기지 않는 놀라운 생활사 ~

클라운피시: 내가 믿기지 않는 이야기를 하기 전에 잠시 기다려 줘.

우사미: 열대어지만 인기 많은 클라운피시 씨. 무슨 일인가요?

클라운피시: …… 음, 준비됐어! 내 이야기는 이거야!

캡: 어라? 수컷이었는데 갑자기 암컷으로? 속임수로도 보이는데, 도대체 어떻게?

클라운피시: 우후후. 우리는 사실 **무리 중에서 가장 큰 수컷이 암컷이 돼!**

우사미: **갑자기 성별이 바뀐다는** 말씀이세요?

클라운피시: 맞아. 그리고 **두 번째로 큰 수컷과 짝을 이뤄.** 어떤 이유로 암컷이 사라지면 **이번에는 남은 수컷 중에서 가장 큰 수컷이 암컷이 돼.**

우사미: 저희 토끼들은 생각지도 못한 놀라운 일이에요.

캡: 그러고 보니 클라운피시 씨는 **독을 지닌 말미잘 근처에 서식**하는데, 괜찮으신가요?

클라운피시: 우리는 **몸 전체가 독이 듣지 않는 끈적끈적한 액체로 둘러싸여서** 멀쩡해.

결론

갓 태어난 클라운피시는 성별이 없으며, 무리 중에서 가장 큰 개체가 암컷이 되어 두 번째로 큰 수컷과 짝을 이뤄요.

진짜예요 인정

해마 씨

암컷이 아닌 수컷이 새끼를 낳는다고요?

해마의 기초 지식
- 분류: 경골어류 실고기목
- 분포: 온대와 열대 바다
- 크기: 전체 길이 약 10cm

깜짝 레벨

제1장 진짜 생활이에요!
~ 믿기지 않는 놀라운 생활사 ~

> 해마 씨, 꽤 부푼 거 같은데, 너무 많이 드신 거 아닌가요?
> — 캡

> 뭐야, 뭐야. 깜짝 놀랐잖아. 이 배 속에는 **내 아기가 있다고.**
> — 해마

> 잠깐! 당신 수컷이잖아요.
> — 우사미

> 아내가 **내 배 속의 특별한 주머니에 알을 낳아서** 말이지. 그래서 **주머니에서 새끼가 부화하는 동안 내가 지키는 거야.**
> — 해마

> **수컷의 배에서 새끼가 나오는군요.** 그러면 알이 부화하는 동안 암컷은 무엇을 하나요? 설마, 다른 수컷에게 알을 낳는다거나······.
> — 캡

> 말도 안 되는 소리! 우리는 **한 쌍이 평생 간다고.** 아내는 **다음 알을 낳기 위해 휴식을 취해.** 체력을 유지하기 위함이지. 해마 부부는 매일 아침 춤추며 사랑을 나누기도 한다고.
> — 해마

> 남편이 새끼 기르기에 협력하고, 부부가 함께 살면서 사랑의 춤까지 춘다니, 엄청 멋있어요!
> — 우사미

> 우사미 양, 나와 결혼한다면 그렇게 "해 보마".
> — 캡

결론

해마는 <u>수컷의 배에</u> 있는 <u>특별한 주머니에서 알로 된 새끼가 부화할 때까지</u> 길러요.

진짜 인정 예요

증언자 **시클리드** 씨

알이 부화하기 전까지
입안에서 길러요

시클리드~ 튀! 튀!

스윽~…

해이훈 힙흡호 히힌하!
(새끼는 입으로 지킨다!)

🔍 **시클리드의 기초 지식**

- **분류** 오발렌타리아류 키클라목
- **분포** 아프리카의 호수·하천(말라위 호수 등)
- **크기** 전체 길이 10~30cm

깜짝 레벨
★★★★★

제1장 진짜 생활이에요!
~ 믿기지 않는 놀라운 생활사 ~

우사미: 시클리드 씨, 어째서 입을 다물고 있나요? 아! **입안에서 새끼가!**

시클리드: 시클리드 중에는 알에서 새끼가 부화하는 동안 입안에서 기르는 종이 있지.

캡: **다른 동물로부터 알을 보호하기 위함**인가요?

시클리드: 그렇지. 알을 낳은 후 입안에 넣으면 안전하니까. 하지만……

우사미: 무슨 일이세요? 심각한 얼굴이네요.

시클리드: 우리는 눈이 별로 좋지 않아서 얌전해. 그걸 이용해 시노돈티스 멀티펑크타투스 등은 **자신의 알을 우리 알 사이에 섞기도 하지.**

캡: 시클리드 씨에게 알을 부탁하는 작전인가요!

시클리드: 맞아. 게다가 **시노돈티스 멀티펑크타투스의 알이 먼저 부화해 우리의 알이 먹히기도 해.** 뭐, 난 시노돈티스 멀티펑크타투스가 근처에 있으면 알을 섞을지도 모르니 입을 더욱 꽉 닫는다고.

캡: 주위가 "시클시클(시끌시끌)"해서 새끼 기르기가 참 어렵겠군요.

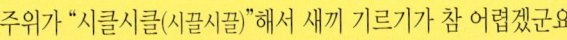

결론

시클리드는 낳은 알을 입안에 넣어 지키고, 부화하기 전까지 길러요. 그런데 시노돈티스 멀티펑크타투스의 알이 섞이기도 해요.

31

남극빙어 씨
엄청 추운 남극 바다에서도
혈액이 얼지 않아요

🔍 남극빙어(아이스피시)의 기초 지식

- **분류** 조기류 농어목
- **분포** 남극해
- **크기** 전체 길이 25~50cm

깜짝 레벨

제1장 진짜 생활이에요!
~믿기지 않는 놀라운 생활사~

 남극빙어: 저, 남극 바다에서 믿기지 않는 이야기를 하러 왔어요. 남극빙어라고 해요.

우사미: 얼음이 둥둥 떠 있는 바다에 살고 계신 거예요? 춥잖아요. 저라면 얼어붙었을 거예요.

 남극빙어: 보통은 몸과 마음, 혈액도 얼어붙겠죠. 하지만 **제 혈액은 영하 2도에서도 얼지 않아요.**

캡: 알 것 같습니다! 따뜻한 혈액이 흐르고 있는 거죠?

 남극빙어: 아니에요. 제 혈액 안에는 특별한 단백질이 있어서, 혈액이 어는 온도를 낮출 수 있죠! 게다가 **그 혈액에는 색소가 없어요!**

색소가 없다……. **혈액이 붉지 않다는 의미**인가요?

 남극빙어: 그 말대로예요. 온몸에 산소를 운반하고 혈액이 붉은 원인이 되는 '헤모글로빈'이라는 물질이 없어서 **투명**해요. 심장이 크고, 혈관이 두껍고, 피부로도 산소를 흡수할 수 있어서 **멀쩡**해요.

우사미: 혈액이 얼지 않는 것보다 혈액이 투명한 게 더 믿기지 않아요~!

결론

남극빙어의 투명한 혈액은 특별한 단백질을 함유해, 혈액이 어는 온도가 내려가, 차가운 남극에서도 얼지 않아요.

33

빨판상어 씨

다른 물고기에 딱 달라붙어
스스로 헤엄치지 않고 편안히 생활해요

빨판상어의 기초 지식
- **분류** 경골어류 농어목
- **분포** 열대·아열대 바다
- **크기** 전체 길이 70~110cm

깜짝 레벨
★★★★☆

제1장 진짜 생활이에요!
~ 믿기지 않는 놀라운 생활사 ~

빨판상어

여어~, 여어~. 반가워~. 난 빨판상어라고 해. **머리 위에 타원형 빨판이 있어서** 빨판상어라고 불려!

그렇군요. 다른 동물에 붙어 있기 위함이죠?

캡

빨판상어

그렇지~. 난 **나보다 큰 물고기나 고래에게 빨판을 붙여 헤엄치기 때문에 에너지를 절약할 수 있어.**

정말이요? 그건 헤엄치지 않아도 이동할 수 있다는 거죠?

우사미

빨판상어

맞아~. 그래서 편하게 생활할 수 있지. 게다가 **내가 붙어 있는 동물이 남긴 먹이나 기생충 등을 먹기 때문에 사냥하지 않아도 돼.**

붙어 있는 건 물론, 편하게도 살 수 있다는 말씀이군요!

캡

역으로 잘 헤엄치지 못하거나 한번 붙으면 자유롭게 떨어지지 못하는 결점이 있는 건 아닌가요?

우사미

빨판상어

미안하게 됐어~. 수영은 특기인 데다가, **내가 붙어 있는 동물보다 빠르게 헤엄치면 빨판은 뗄 수 있지.**

강한 상어 중에도 이런 물고기가 있었군요!

캡

빨판상어

나, 이름에 '상어'가 있지만 농어야. **상어와는 전~혀 관계없다고.**

결론

빨판상어는 머리 위에 있는 빨판으로 다른 동물에 붙은 채 이동하면서, 그 동물이 남긴 먹이를 먹어요. 게다가 상어도 아니에요.

35

증언자 흰점박이복어 씨

구애하기 위해 해저에 미스터리 서클을 그려요

흰점박이복어의 기초 지식

- **분류** 조기류 복어목
- **분포** 일본 난세이 제도의 아마미섬, 오키나와 근해
- **크기** 전체 길이 10~15cm

깜짝 레벨

제1장 진짜 생활이에요!
~ 믿기지 않는 놀라운 생활사 ~

어라? 해저에 신기한 문양이 있어요. 엣, 캡, 엄청 흥분되지 않아요?

우사미

우사미 양, 이건! 미스터리 서클일지도 모르겠군! 밭의 농작물이 쓰러져, 원이나 직선 모양이 어우러진 그림이 나타나는 이상 현상이야! 외계인이 연관돼 있을지도 모른다고!

캡

흰점박이복어

아~, 그거 내가 그린 거야. 내일까지 완성해야 되니까 방해하지 말라고.

엣? 2m나 되는 이 미스터리한 그림을 당신이?

우사미

흰점박이복어

그래, 내가 일주일에 걸쳐 그린 거야. 이렇게 **모래밭에 지느러미를 이용해 홈을 파는 거지.** 이 그림으로 암컷에게 구애해 알을 낳게 할 거야.

그림······. 외계인이 관계된 건 아니군요······.

캡

흰점박이복어

복어여서 미안하군, 동심을 깨서. 하지만 내가 **어째서 이렇게 아름답고 예쁜 그림을 그리는지는 밝혀진 바가 없어,** 미스터리지. 언젠가 인간이 밝혀 줄 날이 올 거야.

······ 당사자인 당신은 답을 알려 주지 않을 생각인가요?

우사미

결론

수컷 흰점박이복어는 암컷에게 구애해 알을 낳게 하려고, 모래밭에 홈을 파 아름다운 그림을 그려요.

진짜 예요 인정

37

알의

자랑스러운 알 O 전시회

사회자: 멕시코도롱뇽

출연자: 타조 씨, 비단뱀 씨, 괭이상어 씨

타조

멕시코도롱뇽: 겉모습은 아기지만 몸은 어른인 제가 안내하는 '진짜?' 전시회! 여기서는 진짜 알을 전시하고 있습니다!

타조: 동물의 '진짜예요' 알 중에는 내가 유명하지요! **봐요! 엄청 크잖아요!**

멕시코도롱뇽: **동물 중에 가장 큰 알**이죠!

타조: 맞아요. 무려 지름 17cm에 무게 1.6kg! 게다가 껍데기의 두께가 2mm 이상이라, **사람이 위에 올라타도 깨지지 않죠!**

멕시코도롱뇽: 그 강렬한 크기를 모두에게 보여 드리고 싶군요!

비단뱀: 알의 크기는 타조 씨에게 비할 바 못 되지만, 내 알도 크다고!

제1장 **진짜 생활이에요!**
~ 믿기지 않는 놀라운 생활사 ~

진짜예요!

비단뱀

괭이상어

멕시코도롱뇽

비단뱀 씨는 가장 큰 **뱀**이죠. 알은 얼마나 큰가요?

하나하나는 달걀보다 살짝 큰 정도야. 하지만 **갓 낳은 알은 습해서, 마르기 전에 한데 모아 거대한 알 무더기를 이룬다고!** 습하게 유지하기 편하고 적에게서 보호하기도 편해!

비단뱀

뭐야, 다들 둥근 알이군. 내 알은 **형태가 자랑거리**야.

괭이상어

멕시코도롱뇽

괭이상어 씨의 알은…… **드릴 모양?** 18cm나 되는 거대한 크기네요~!

맞아. 처음에는 부드럽지만, 점점 딱딱해져. **이 모양 덕분에 바위나 해초 사이에 낳았을 때 잘 고정돼서, 해류에도 떠내려가지 않지.**

괭이상어

멕시코도롱뇽

여러분 모두 자랑하고 싶은 이유를 알겠군요!

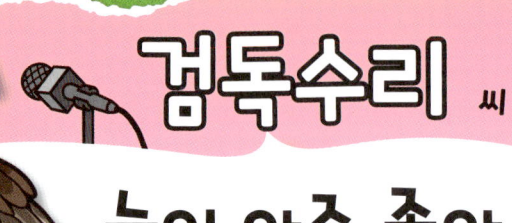

검독수리 씨

눈이 아주 좋아 1km 밖의 작은 물체도 볼 수 있어요

검독수리의 기초 지식
- 분류: 조류 매목
- 분포: 북반구
- 크기: 전체 길이 75~90cm

깜짝 레벨

제1장 진짜 생활이에요!
~ 믿기지 않는 놀라운 생활사 ~

검독수리: 어이, 토끼. 너 아까 코 후비고 있었지. 저쪽 빌딩 위에서 날 때 봤다고.

캡: 말도 안 됩니다~. 저 빌딩에서 여기까지는 1km는 떨어져 있을 텐데요.

우사미: 거짓말이죠? 캡, 코 후빈 거예요?

검독수리: 훗훗훗, **내 눈 세포는 사람의 5~7배 이상이라고.** 그만큼 눈이 좋지.

캡: 인간도 눈이 좋은 동물이지만 더 좋다는 말씀이시군요!

검독수리: 게다가 **먼 곳을 보고 있어도 재빨리 작은 물체에 초점을 맞출 수 있고, 그 반대도 가능해.** 그래서 작은 물체의 움직임도 순식간에 파악할 수 있지.

캡: 그렇다는 건, 역시 보고 계셨군요!

검독수리: 너처럼 방심한 채 코를 파고 있는 쥐 등의 먹잇감을 발견하면, **예리한 발톱으로 단번에 낚아챌 수 있지!**

캡: 한가하게 코를 파는 것도 불가능하군요…….

우사미: 진짜 코를 팠다니……. 그런데 검독수리 씨가 엄청 무서운 얘기를 하고 있는데, 어째서 코 후빈 것만 신경 쓰는 거예요?

결론

검독수리의 눈은 1km 밖의 쥐의 움직임도 볼 수 있어요. 좋은 시력과 발톱으로 먹잇감을 사냥해요.

진짜예요 인정

두견 씨

울음소리를 낼 때 주변에 경쟁자가 없으면 대충해요

"이 정도면 되겠지…"

호~~ 호케… 쿄호~~…

으~음…

"이 주변은 얘 하나 밖에 없나 보군…"

🔍 **두견의 기초 지식**

- **분류** 조류 뻐꾸기목
- **분포** 아시아, 아프리카
- **크기** 전체 길이 30~32cm

깜짝 레벨
★★☆☆

제1장 진짜 생활이에요!
~믿기지 않는 놀라운 생활사~

캡: '두견이 울지 않으면 울 때까지 기다리라.' 이와 같은 구절이 전해질 정도로 우는 소리가 아름다운 두견 씨의 믿기지 않는 얘기는 뭔가요?

두견: 울 때까지 기다리라고 해도, 귀찮~단 말이지.

우사미: 깜짝 놀랐어요! 이미지가 완전 반대예요!

두견: 나한테 어떤 이미지가 있는지는 모르겠는데, **매번 아름다운 목소리를 내진 않는다**~고.

우사미: 어째서죠?

두견: 수컷이 아름다운 목소리를 내는 건 역시 **암컷에게 잘 보이기 위함**이지. 그리고 '여기는 내 영역이다.'라고 다른 수컷에게 알리기 위한 의미도 있어.

캡: 그렇다면 평생 우는 거 아니겠습니까?

두견: 하지만 **근처에 다른 수컷이 없으면 평생 울 필요도 없잖아.** 그럴 땐 **대충 울어.** 의미가 없으니까.

캡: 경쟁자나 영역 다툼을 할 상대가 없으면 대충 놀고먹어도 된다는 말씀이군요.

결론

암컷을 향한 구애나 영역 주장을 하기 위해 아름다운 목소리로 우는 수컷 두견. 하지만 암컷이나 경쟁자가 없으면 농땡이를 피워요.

큰코뿔새 씨

암컷은 알을 낳은 뒤 둥지 안에 틀어박혀 생활해요

"허니, 먹이 가져 왔어 ♡"

"사랑해! 거기로 넣어 줘!"

🔍 큰코뿔새의 기초 지식

- **분류** 조류 파랑새목
- **분포** 인도~인도네시아
- **크기** 전체 길이 95~105cm

깜짝 레벨 ★★★★★

제1장 진짜 생활이에요!
~ 믿기지 않는 놀라운 생활사 ~

 큰코뿔새: 여어~, 미안, 미안. 아내와 새끼에게 먹이를 전해 주고 오는 길이라 늦었군.

 우사미: 어라? 경연 대회에는 아내분이 나온다고 들었는데요.

큰코뿔새: 아내는 지금 둥지 안에 틀어박혀 있어.

 캡: 그거, 괜찮은 건가요?

 큰코뿔새: 당연하지. 우리에게는 당연한 거야. **나무 구멍에 둥지를 틀고, 암컷은 알을 낳아. 그리고 둥지 입구에 먹이를 받기 위한 구멍만 남기고 흙과 배설물로 틀어막지.**

 우사미: 그럼 **아내분이 둥지 안에 있는 동안 남편분이 먹이를 가져다주는군요.**

 큰코뿔새: 맞아. 열매나 꽃, 작은 동물 등을 아내나 알에서 태어난 새끼에게 먹이지. 3~4개월간은 **아내와 새끼도 만나지 못하고……, 먹이를 계속 운반해야 해.** 꽤 외롭다고.

 캡: 그렇겠군요……. 저라면 사랑하는 아내와 하루 이상 만나지 못한다면 견디지 못할 겁니다!

 우사미: …… 캡, 독신이잖아요.

 결론

 암컷 큰코뿔새는 <u>나무 구멍에 튼 둥지의 입구를 막고, 틀어박힌 채 새끼를 길러요</u>. 수컷은 그동안 먹이를 운반하죠.

진짜예요 인정

45

증언자 큰머리거북 씨

거북이지만

머리가 너무 커 등딱지에 들어가지 못해요

큰머리거북의 기초 지식

- **분류** 파충류 거북목
- **분포** 중국 남부~인도차이나반도
- **크기** 등딱지 길이 14~20cm

깜짝 레벨

제1장 진짜 생활이에요!
~믿기지 않는 놀라운 생활사~

큰머리거북: 속담 중에 '눈 가리고 아웅'이라는 말이 있지. 하지만 머리도 꼬리도 가리지 않는다고!

우사미: 그렇게 말씀하시는 당신은 큰머리거북 씨! 정말 **머리가 커서 등딱지에 들어가지 않네요!**

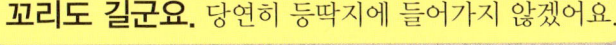

꼬리도 길군요. 당연히 등딱지에 들어가지 않겠어요.

캡

큰머리거북: 거북이라서 **등딱지가 있지만, 평평해서** 말이야. 뭐, 나는 등딱지에 들어갈 필요 따위 없지!

우사미: 머리를 어떻게 보호하나요?

큰머리거북: 머리는 한 장의 단단한 비늘로 보호받고 있어. 헬멧을 쓴 것과 비슷하지! 다리랑 꼬리도 두꺼운 비늘이 있어 문제없다고!

우사미: 뭔가 거북이 같진 않네요.

큰머리거북: 그러고 보니, 꼬리는 길이뿐만 아니라 힘도 세, 나뭇가지에 매달릴 수 있을 정도지. 다리는 예리한 발톱이 있어 나무나 바위를 척척 오를 수도 있지!

캡: 너무 특이해서 "거북"스럽네요.

결론

큰머리거북은 머리가 커, 평평한 등딱지에 들어가지 못해요. 꼬리는 길고 힘이 세, 나뭇가지에 매달릴 수도 있어요.

47

코모도왕도마뱀 씨

수컷이 없을 때
암컷 혼자 번식할 수 있어요

삐익 삐익

좋은 남자는 스스로 만드는 거라고♥

코모도왕도마뱀의 기초 지식
- 분류: 파충류 뱀목
- 분포: 인도네시아(소순다 열도 일부)
- 크기: 전체 길이 200~300cm

깜짝 레벨

제1장 진짜 생활이에요!
~ 믿기지 않는 놀라운 생활사 ~

코모도왕도마뱀: 있지, 조금 믿기지 않을 신기한 얘기가 있는데……

캡: **세계에서 가장 큰 도마뱀**인 코모도왕도마뱀 씨군요. 악어처럼 큰 것만으로도 신기합니다만.

코모도왕도마뱀: 뭐, 크기만 주목받지만 사실 말하고 싶은 건 그게 아니야. 실은 나, **특수한 환경에서는 암컷 혼자 새끼를 낳을 수 있어.**

우사미: 에엣! 새끼는 암컷과 수컷이 만들잖아요!

코모도왕도마뱀: 파충류나 포유류는 보통 그렇지. 하지만 나는 **수컷이 없는 환경에서는 암컷 혼자 알을 낳아서 새끼를 만들 수 있어.**

캡: 그럴 경우에는 새끼는 암컷 아닌가요? **스스로 복제할 수 있는 개체가 있다고** 들었는데, 이 경우에도 암컷일 것 같군요.

코모도왕도마뱀: 하지만 **내 경우에는 전부 수컷**이야.

우사미: 그거 **진짜예요?** 어째서 그렇죠?

코모도왕도마뱀: 최근에 알려진 내용이라 **아직 자세한 건 불명**이야.

캡: 이유는 모르지만, 코모도왕도마뱀 씨는 암컷 혼자 "꼬마도" 쑥쑥 낳을 수 있군요.

결론

암컷 코모도왕도마뱀은 수컷이 없는 환경에서는 암컷 혼자 알을 낳아 자손을 늘려요. 알에서 부화하는 건 모두 수컷이에요.

진짜예요 인정

49

두꺼비 씨

번식기 때 수컷에게 너무 세게 안겨 죽기도 해요

🔍 **두꺼비의 기초 지식**
- 분류: 양서류 개구리목
- 분포: 한국, 일본, 중국
- 크기: 몸길이 8~18cm

깜짝 레벨

제1장 진짜 생활이에요!
~ 믿기지 않는 놀라운 생활사 ~

두꺼비: 이런 곳에서 떠들고 있을 때가 아니다, 개굴! 난 앞으로 목숨을 건 싸움에 나갈 예정이다, 개굴!

캡: 뭐, 뭔가 비장한 말투인데, 어디 가시는 건가요? 전쟁이라도 있나요?

두꺼비: 집단 데이트다, 개굴! **물가에 수컷과 암컷이 한데 모이는 거다**, 개굴~!

우사미: 뭐예요, 전쟁이 아니라 **암컷과의 구애 전쟁**이었네요. 목숨을 거는 건 아니잖아요.

두꺼비: 매년 봄에 우리는 물가에 모여, **수컷이 암컷의 등 위에 올라타 앞발로 암컷의 배를 강하게 껴안는다**, 개굴! 그 자극으로 암컷은 산란하지만……. 수컷이 너무 강하게 껴안아 암컷이 죽기도 한다, 개굴!

우사미: 어어어…….

두꺼비: 실수로 **수컷이 다른 수컷을 껴안기도 한다**, 개굴! 그럴 때는 '수컷이다.'라고 신호를 보내지만……. **만약 상대가 섞여 있던 황소개구리라면 신호가 통하지 않아 죽기도 한다**, 개굴.

캡: 두꺼비의 집단 데이트, "두꺼"운 보호막이 있었으면 좋겠네요.

결론

두꺼비는 봄이 되면 물가에 모여 <u>수컷이 암컷을 껴안아 산란해요</u>. <u>껴안는 힘 때문에 암컷이 사망하기도 해요.</u>

진짜 예요 의 정

증언자

물저장개구리 씨

입을 쓰지 않아도
몸에서 물을 빨아들여 저장해요

"고… 고마워요……!"

"내 물을 마셔!"

물저장개구리의 기초 지식
- **분류** 양서류 개구리목
- **분포** 호주 중앙부
- **크기** 몸길이 6~10cm

깜짝 레벨

제1장 진짜 생활이에요!
~믿기지 않는 놀라운 생활사~

캡: 개구리나 도롱뇽 등의 양서류는 물가에 살고, 물이 없으면 살 수 없습니다만…….

물저장개구리: 나는 말이지~, 사막에~ 살아. **물이 거의~ 없고 비가~ 적은 장소에서~ 살고~ 있지.**

우사미: 어떻게 물 없이 생활할 수 있는 건가요?

물저장개구리: 물은~ 필요해~. **보통은~ 건조하지 않은~ 땅속에서 생활하다가~ 가끔~ 내리는~ 비를 기다려.**

우사미: 말 참 느긋하게 하시네요…….

물저장개구리: 그래서 말이야~, 비가 내리면~ 물웅덩이가~ 다 말라 버릴 때까지~ 열흘간~ 그 안에서~ 가만히 있어~. 입을~ **움직이지 않아도~ 피부에서 물을 흡수해~, 몸에 물을~ 저장할 수 있지~.**

캡: 스펀지 같군요.

물저장개구리: 맞아, 맞아~. 물에 적신 스펀지 같지~. 그래서 말이야~. 호주의~ 원주민은 말이야~. 나를 발견하면~, **쥐어짜 물을 마시곤 해~.**

캡: 겨우 물을 모았는데 그렇게 가져가 버리다니, "개구리"네요.

결론

물저장개구리는 땅속에서 생활해요. 비가 내리면 물웅덩이로 가 피부로 물을 빨아들여, 몸에 물을 저장해 생활해요.

진짜 예요 인정

53

꿀단지개미 씨

증언자

동료 개미를 위해 배에 꿀을 저장해요

일이니까
어이!!
수고해~
엄청 모았네!

🔍 꿀단지개미(멕시코꿀단지개미)의 기초 지식

- **분류** 곤충류 벌목
- **분포** 호주, 북아메리카
- **크기** 몸길이 약 15mm

깜짝 레벨

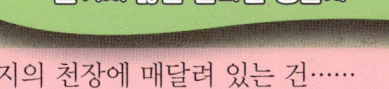

제1장 진짜 생활이에요!
~믿기지 않는 놀라운 생활사~

> 개미 둥지의 천장에 매달려 있는 건…… 꿀단지개미 씨! 대단해요! 배가 빵빵해요!

 우사미

꿀단지개미

> 움직이지 못해서 미안~. 꿀단지개미는 먹이를 운반하거나 둥지를 지키는 등 역할이 나뉘어 있지만, 나는 **식량을 저장하는 담당**이어서 말이야~.

> 저장 담당이라는 말은 그 배에 **식량을 담아 두고 있다**는 건가요?

 캡

꿀단지개미

> 정답이야~. 사막에서 생활해 꽃이 거의 피지 않거든……. 식량이 부족한 계절에 살아남기 위해 **배에 꿀을 저장한 채, 천장에 매달려 동료에게 입으로 먹이를 주고 있어.**

> 그렇군요. **사막이라는 험한 환경에서 동료와 서로 도우며 살아남는다.** 좋은 이야기네요.

 캡

꿀단지개미

> 둥지의 동료를 위해 저장하고 있지만, 인간 중에는 내 꿀이 달고 영양분이 많아, 간식으로 삼기 위해 **배를 갈라서 먹는** 이들도 있어…….

> 물저장개구리 씨에 이어 슬픈 이야기예요!

> 인간들의 이기적인 행동, 정말 "개미"워요.

결론

꿀단지개미는 <u>꽃의 꿀을</u> 배에 저장하고, 꿀이 부족한 계절에는 <u>둥지의 동료</u> 개미에게 <u>입으로 먹이를</u> <u>전달해요.</u>

진짜 인정이에요

55

쇠똥구리 씨

증언자

신혼여행은 똥 덩어리 위에서!

최고야, 자기 ♡

허니, 올라탄 기분은 어때?

 쇠똥구리(왕쇠똥구리)의 기초 지식

- **분류** 곤충류 딱정벌레목
- **분포** 지중해 연안, 아시아
- **크기** 몸길이 약 30mm

깜짝 레벨

제1장 진짜 생활이에요!
~ 믿기지 않는 놀라운 생활사 ~

쇠똥구리: 신혼여행 중입니다만, '진짜예요' 이야기를 해 달라는 말을 듣고 왔어요!

캡: 쇠똥구리 씨는 **동물의 똥 등을 둥글게 말아 돌돌 굴리는** 곤충이죠.

쇠똥구리: 맞아요. 동물이 똥을 싸면 **냄새에 이끌려** 모양을 다듬고, 뒷발로 말아 굴려 안전한 장소로 옮기죠.

우사미: 똥을 옮기면서 신혼여행을 보내는 거예요?

쇠똥구리: 맞아요! 제가 똥을 굴리는 모습, 멋있죠! 아내도 그런 제게 이끌려 결혼했죠. **제가 똥 경단을 굴리고 아내가 경단 위에 올라타 신혼여행을 보낸다고요!**

캡: 으음, 그건 정말 신기하군요. 그래서요?

쇠똥구리: 새집을 찾으면 **구멍을 파 똥 경단을 메워 교미해요.** 암컷은 똥 경단에 알을 낳아요. 그리고 두 달이 지나면 똥 안에서 알이 부화해 똥을 먹고 자라 성충이 되고, 똥을 굴리게 되죠.

캡: 흐음, 그렇군요. 쇠똥구리는 **똥과 함께 일생을 보내는군요.** "구리구리"하네요.

결론

쇠똥구리는 동물의 똥을 굴리며 신혼 생활을 하며, 똥에 알을 낳고, 태어난 새끼는 똥을 먹고 성장해요.

진짜예요 인정

똥의

멕시코도롱뇽: 겉모습은 아기지만 몸은 어른인 제가 안내하는 다양한 똥 전시회입니다! 시작은 코알라 씨!

코알라: 똥은 보통 먹을 수 없죠. 하지만 **제 똥은 새끼에게 먹이가 됩니다!**

멕시코도롱뇽: **진짜예요?** 똥을 먹을 수 있다고요?

코알라: 어른 코알라는 유칼립투스라는 독이 있는 잎밖에 먹지 않지만, 뱃속에 독을 분해하는 미생물이 있어서 괜찮아요. 하지만 그 미생물은 새끼에게 없죠. 그래서 **어미가 미생물이 든 똥을 먹여요.**

멕시코도롱뇽: 이해됩니다! 새끼는 어미의 똥에서 미생물을 받아 유칼립투스를 먹을 수 있게 되는군요!

점박이하이에나: 내 똥도 상식에서 벗어나 있지. 봐 봐, **하얗지?**

제1장 진짜 생활이에요!
~ 믿기지 않는 놀라운 생활사 ~

진짜예요!

놀라운 하얀색!!

하하하, 냄새나지.

멕시코도롱뇽

진짜군요! 어째서 하얀가요?

우린 턱과 이빨이 강해서 **먹이의 뼈까지 아작아작 먹을 수 있어.** 즉 **똥의 하얀색은 뼈 색깔**이란 말이지, 후후후.

점박이하이에나

에에잇! 이 녀석도 저 녀석도 그런 이상한 똥은 글렀어! 똥은 냄새나는 게 제일이지!

사자

멕시코도롱뇽

그렇게 말씀하시는 사자 씨는 뭔가 자랑할 수 있는 게 있나요?

냄새다! 내 똥은 **초식 동물이 도망칠 정도로 지독하지!** 그 똥을 물로 희석해 사슴 등의 초식 동물 추돌 사고가 자주 일어나는 열차 선로에 뿌리면, **사슴이 가까이 오지 않을** 정도지! 초식 동물의 본능을 자극하는 걸지도 모르겠군.

사자

멕시코도롱뇽

그건 대단합니다! 백수의 왕, 똥 냄새마저도 왕의 냄새를 지녔군요!

황금보석딱정벌레 씨

성충이 되기까지 **50년 이상이 걸리기도 해요**

🔍 황금보석딱정벌레의 기초 지식
- **분류** 곤충류 딱정벌레목
- **분포** 북아메리카
- **크기** 몸길이 12~20mm

깜짝 레벨

제1장 진짜 생활이에요!
~믿기지 않는 놀라운 생활사~

황금보석딱정벌레: 그럼, 문제입니다. 저는 몇 살일까요?

우사미: 곤충은 성장이 빠르니 태어나고 3주 정도 지났을까요?

황금보석딱정벌레: 후훗~. 반대입니다. 저는 서른 살이죠!

캡: 진짜예요? **곤충은 수명이 짧은 게 많은데,** 어떻게 그렇게 길게 살죠?

황금보석딱정벌레: 저는 유충일 때 소나무 안에서 2~4년을 거쳐 **번데기가 되고, 한 해 겨울을 거쳐 성충이 되면 나무 밖으로 나옵니다.**

우사미: 성충이 된 이후로도 오래 사는 건가요?

황금보석딱정벌레: 후훗~. 유충으로 생활하는 동안 **소나무가 잘리거나 건축 재료로 쓰이면 나무는 건조되죠.** 그러면 **수분이 부족해 성장이 늦어져요.**

우사미: 그런 장소에서 자라면 성충이 되기까지 **30년이나 시간이 걸릴 수 있다**는 거죠?

황금보석딱정벌레: 그 말대로예요! 동료 중에는 목재 안에서 성충이 되기까지 **50년 이상이나 걸렸던 개체도 있었다**고 해요.

캡: 즉 50살 이상! 황금보석딱정벌레는 장수 곤충이었군요!

결론

황금보석딱정벌레는 소나무 안에서 유충 시기를 보내는데, 나무의 수분이 부족하면 성장이 느려져 수명이 늘어나요.

나방나비 씨

개미의 둥지에 기생해 유충을 먹고 성장해요

어이

우적 우적...

이상하네! 우리 집 아이가 여기에 있었는데...

🔍 **나방나비(유충)의 기초 지식**

- **분류** 곤충류 나비목
- **분포** 인도~뉴기니
- **크기** 몸길이 약 35mm(종령 유충)

깜짝 레벨
★★★★★

제1장 진짜 생활이에요!
~믿기지 않는 놀라운 생활사~

나방나비: 살아남기 힘든 이상한 동물의 세계, 뻔뻔하지 않으면 헤쳐 나가기 어렵다고! 이얍~!

우사미: 그런 식으로 말하다니, 당신 참 뻔뻔하군요.

나방나비: 내 유충은 말이지! **푸른베짜기개미의 둥지에 침입해 어슬렁거리다가 녀석들의 유충이나 새끼를 먹고 성장하지**, 이얍~!

캡: 푸른베짜기개미라고 하면 **강력한 턱을 지녔고 성격도 사나운 맹독 개미**잖습니까! 그 둥지 안에요?

나방나비: 유충은 몸이 딱딱한 피부로 덮여 있어 푸른베짜기개미가 물어도 멀쩡하지! 공격해도 무시하고 개미 유충을 먹는다고!

우사미: 엄청난 뻔뻔함이에요……. 한 번 당하는 걸 봤으면 좋겠어요!

나방나비: 뭐, **당할 때도 있다고**. 개미 둥지 안에서 **성충이 되면 유충 시절의 딱딱한 피부가 없어져**. 그때 지금까지의 복수인양 **푸른베짜기개미에게 공격받는다고**. 둥지 안에서 바로 탈출하지 않으면 먹히게 돼. 이얍~!

캡: 동물 세계의 살아남기 위한 절박함을 "나 비"웃고 싶지 않네요.

결론

나방나비의 유충은 푸른베짜기개미의 둥지에 침입해 푸른베짜기개미 유충을 먹으며 성장해요.

레우코클로리디움 파라독섬

달팽이에 기생해 새에게 먹히도록 조종해요

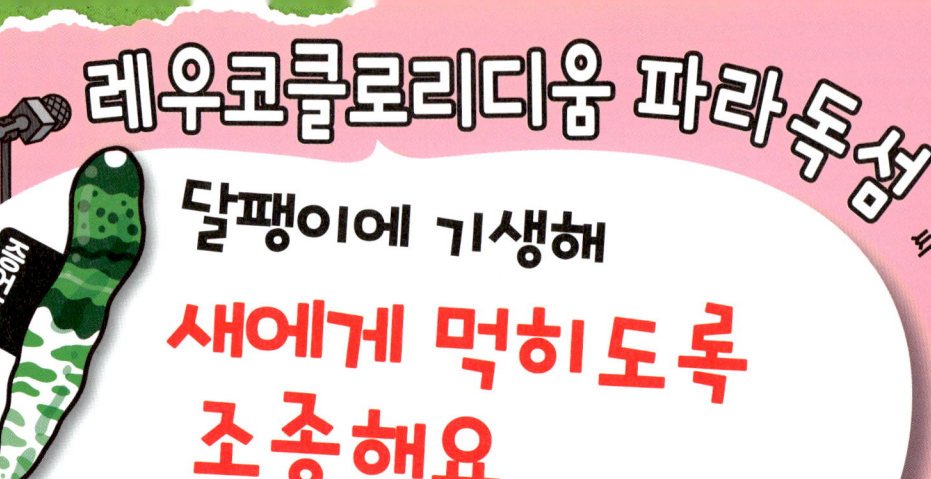

레우코클로리디움 파라독섬의 기초 지식
- **분류** 흡충류 유벽흡충목
- **분포** 유럽, 북아메리카 등
- **크기** 1mm 이하 (유충)

깜짝 레벨 ★★★★★

제1장 진짜 생활이에요!
~ 믿기지 않는 놀라운 생활사 ~

> 엣? 어째서 달팽이 씨가 있는 건가요? 레우코클로리디움 파라독섬 씨가 아닌가요?

— 우사미

레우코클로리디움 파라독섬

> 난 기생충이야. 지금 **달팽이의 눈 속에 있지~**. 이건 주머니라 안에 유충이 잔뜩 들어 있어.

> 어쩐지 **달팽이의 눈이 이상하다**고 생각했습니다.

— 캡

레우코클로리디움 파라독섬

> 우리는 원래 **새의 몸속에서 영양분을 얻고 알을 낳아**. 알은 새의 똥에 섞여 땅에 뿌려지지.

> 알이 땅에 뿌려지면 새의 몸속으로 들어가기 **어려우니** 성장하기 어렵지 않을까요?

— 캡

레우코클로리디움 파라독섬

> 그래서 달팽이가 똥과 같이 알을 먹게 해. 달팽이는 우리 때문에 밝은 곳이나 풀밭의 높은 곳으로 이동하게 돼. 그러면 새가 달팽이를 먹기 쉬워져.

> 달팽이를 조종하는군요~. 꺄악~.

— 우사미

레우코클로리디움 파라독섬

> 게다가 **달팽이의 눈으로 이동해 새가 좋아하는 유충으로 보이게끔 해**. 먹히게 하는 거야.

> 그래서 이상한 눈으로! "기생"하는 법도 가지가지네요.

— 캡

결론

레우코클로리디움 파라독섬은 <u>새에게 기생하기 위해</u>, <u>달팽이의 눈을 유충처럼 보이게 해 새에게 먹혀요</u>.

진짜 예요 인정

65

연가시 씨

사마귀에 기생하고 숙주를 조종해 물가로 돌아와요

물가…
물가로 가야 해…

후후훗…
수고했어.

🔍 연가시의 기초 지식
- **분류** 연가시류 연가시목
- **분포** 세계 각지
- **크기** 전체 길이 2~100cm

깜짝 레벨

제1장 진짜 생활이에요!
~ 믿기지 않는 놀라운 생활사 ~

 나도 기생충이라 지금 사마귀의 배에 기생하고 있어. 성충이 될 때까지 지내고 알을 낳을 때 물가로 가.

사마귀에서 벗어나 물가로 이동하는 겁니까?  캡

 그런 짓을 했다간 혼자 죽고 말걸. 내가 기생하면 **사마귀가 어째선지 물가로 이동하게 된다고 해.** 거기서 사마귀의 배에서 나와 물로 들어가 산란하지.

사마귀 씨는 어떻게 되나요? 죽나요?  우사미

 맞아. 하지만 물고기 밥이 되니 마지막까지 역할을 다하는 셈이지. 그 녀석. (히죽)

무서워요! 뭐죠, 그 말투 무섭다고요!  우사미

 내 알은 모기나 잠자리 등 물속에서 유충 시기를 보내는 동물에게 먹힌 뒤, 그 몸에 기생해. 그들이 사마귀에게 먹히면 사마귀의 몸에 기생하면서 성장하지.

기생하는 곤충이 사마귀에게 먹히지 않으면 물가로 돌아가지 못할 수도 있군요……. 그러면 어디로 "가시"나요?  캡

결론

연가시는 <u>사마귀에 기생해 성장해요</u>. <u>물이 마시고 싶어져 물가로 이동한 사마귀의 배에서 나와, 물가에서 알을 낳아요</u>.

증언자 **회전초** 씨

바람에 날려 씨를 퍼뜨려요

🔍 회전초의 기초 지식

해설 종의 이름이 아닌, 말라 바람에 날리는 건조 지대의 식물을 이르는 말

깜짝 레벨

제1장 진짜 생활이에요!
~믿기지 않는 놀라운 생활사~

> 마른 풀 덩어리 같은 게…….

 우사미

 회전초

> 서부 영화 같은 데서 자주 굴러다니는 거 본 적 없어? 그거야, 그거.

> 아~, 아, **그건 풀이었군요!** 항상 뭘까~, 생각했어요.

 우사미

> 흔히들 '회전초'라고 불러. **건조 지대에 자라는 식물이야.**

> 어째서 구르는 거예요? 뭔가 의미가 있나요?

 회전초

 우사미

> 엄청 많지. 나는 땅속에 뿌리를 내리고 자라지만, **가을에서 겨울에 걸쳐 종자를 만들고 시들어.** 그래서 강한 바람이 불면 툭 뽑혀 구르면서 이곳저곳 종자를 뿌리게 돼.

> 식물은 보통 스스로 움직이지는 않습니다만, 그렇게 **씨앗을 뿌려 자라는 장소를 넓히는 셈**이군요.

 캡

> 미국에서는 최근에 너무 많이 불어난 탓에 **도로를 막거나 인간의 생활을 방해하기도 해.**

> 씨앗뿐만 아니라 민폐도 "흩뿌리는" 듯합니다만…….

 캡

결론

회전초는 뿌리가 황폐해지면, 바람에 날려 구르면서 씨를 흩뿌려, 자라는 장소를 넓혀 나가요.

진짜 예요 인정

퀴즈
진짜 비교해 봤어요 ①

공통점은 무엇일까요?

문제

포유류의 **치타**, 어류의 **돛새치**, 조류의 **매**. 이 세 종의 **공통점**은 무엇일까요? 힌트는 **각각 지상, 해상, 공중의 진짜 전문가라는 점**이에요!

우사미

치타

돛새치

매

정답
캡

정답은 육상·해상·공중 각각의 '먹잇감을 쫓는 속도'에서 일등을 차지한 동물들이에요! 치타는 육상을 달리는 동물 중 가장 빨라요. 그 속도는 무려 시속 112km! 돛새치는 바다를 헤엄치는 동물 중 가장 빠르고, 시속 109km라고 해요. 매는 시속 100km로 하늘을 날지만, 먹잇감을 사냥할 때 급강하하는 속도는 300km에 달하기도 해요.

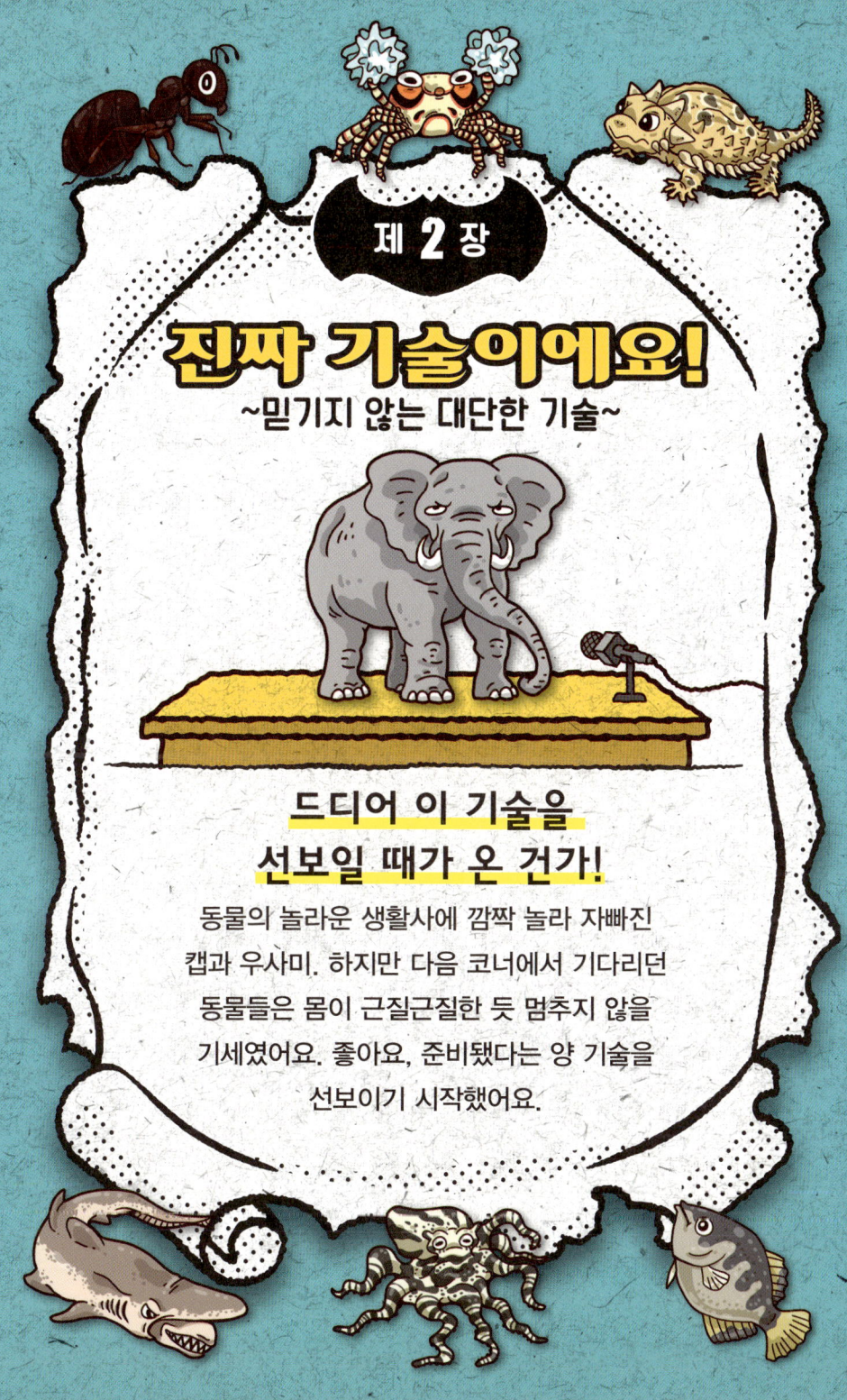

아프리카코끼리 씨

다리 뒤편으로 멀리 떨어진 곳의 소리를 감지해요

으음…동료가 넷…아니, 여섯이네…

🔍 아프리카코끼리의 기초 지식

분류 포유류 장비목
분포 아프리카(사하라 사막 이남)
크기 540~750cm

깜짝 레벨 ★★★★★

제2장 진짜 기술이에요!
~믿기지 않는 대단한 기술~

 아프리카 코끼리: 대단한 기술을 알려 주러 왔다고오~.

우사미: 아프리카코끼리 씨, 안녕하세요! 몸이 크고 코가 길어 엄청난 기술도 많을 거 같아요.

 아프리카 코끼리: 몸이랑 코는 관계없어……. **다리의 기술**이라고오! 다리 뒤편이 예민해 **먼 곳의 진동도 감지할 수 있지.**

캡: 그렇게 먼 장소의 소리를 감지할 수 있다니 상상도 못했습니다.

 아프리카 코끼리: 그래서 **멀리 비가 내리는 것도 감지할 수 있고,** 멀리 있는 동료와 **뒷발질로 연락할 수도 있다고오.**

우사미: 귀가 좋은 토끼도 이건 깜짝 놀랄 만한 일이네요.

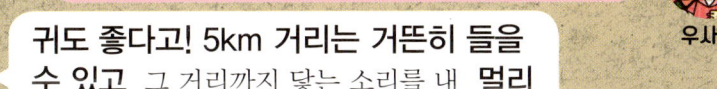

 아프리카 코끼리: 귀도 좋다고! 5km 거리는 거뜬히 들을 수 있고, 그 거리까지 닿는 소리를 내, **멀리 있는 동료와 대화할 수도 있다고오.**

우사미: 그럼 아프리카코끼리 씨는 장거리 연락을 전화 없이도 할 수 있다는 거네요? 부러워요~.

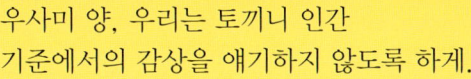

캡: 우사미 양, 우리는 토끼니 인간 기준에서의 감상을 얘기하지 않도록 하게.

 결론

아프리카코끼리의 다리 뒤편은 민감해 멀리 떨어진 곳의 진동도 감지할 수 있어요.

뒷발질로 멀리 있는 동료와도 연락할 수 있어요.

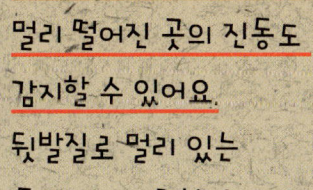

진짜예요 인정

증언자 웜뱃 씨

공격당하면 딱딱한 엉덩이로 적을 찌부러뜨려요

콰당! 으악!

웜뱃의 기초 지식

- **분류** 포유류 유대목
- **분포** 호주 남동부, 태즈메이니아섬
- **크기** 몸길이 70~115cm

깜짝 레벨
★★★★★

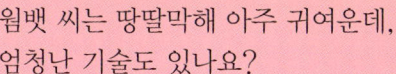 

제2장 **진짜 기술이에요!**
~믿기지 않는 대단한 기술~

> 웜뱃 씨는 땅딸막해 아주 귀여운데, 엄청난 기술도 있나요?
> 우사미

웜뱃
> 나도 말이야~, 험한 자연 속에 산다고. 때로는 몸을 지키기 위해 **적과 싸우기도 해.**

> 알겠습니다! 그 **예리한 발톱이 무기**인 건가요?
> 캡

웜뱃
> 이건 **땅에 구멍을 파고 둥지를 지을 때 써.** 무기는 그 **둥지 구멍의 입구와 이 단단한 엉덩이지!**

> 그건 몰랐습니다! 알려 주세요.
> 캡

웜뱃
> **엉덩이가 연골로 이루어져 있어 엄청 단단해.** 적에게 쫓기면 **둥지 구멍에 머리를 넣고 엉덩이로 입구를 막아.** 그럼 적이 침입할 수 없게 되지.

> **단단한 엉덩이로 입구를 막는군요.** 하지만 무기가 아니잖아요?
> 우사미

웜뱃
> 둥지 구멍으로 몸을 굽히면 틈이 생겨. 거기에 적이 머리를 박고 들어오면, **단단한 엉덩이를 들어 올려 둥지 구멍의 천장으로 끼워서 빠직!** 적의 머리를 으깨는 거지!

> 틈을 보여 확 하고 적을 짓누른다라……. 그것 참 "웜(warm)"하지 않은 기술이네요.
> 캡

결론

웜뱃은 둥지 구멍의 입구로 적을 유인한 뒤, <u>연골로 이루어진 단단한 엉덩이와 둥지 구멍의 천장으로 적의 머리를 으깨요!</u>

혹등고래 씨

거품으로 상대를 몰아붙이는

필살기! 버블 네트 피딩!

받아라, 필살기! 버블 네트 피딩!

 혹등고래의 기초 지식

- **분류** 포유류 고래목
- **분포** 세계 각지의 바다
- **크기** 전체 길이 12~19m

깜짝 레벨

제2장 진짜 기술이에요!
~ 믿기지 않는 대단한 기술 ~

혹등고래

쿠후후....... 우리는 물고기를 사냥할 때 엄청난 기술을 쓰지. 그 이름도 무려 버블 네트 피딩(Bubble-net feeding)!

히어로의 필살기 같은 이름이네요. 어떤 기술인가요?

우사미

혹등고래

물고기 무리 주변을 동료와 함께 둘러싸지! 동료가 낸 목소리로 물고기들을 혼란에 빠뜨린 후, 뱉어 낸 거품에 가둬 먹는 기술이야!

...... 생각보다 야비한 느낌이네요.

우사미

혹등고래

무슨 소리야. 이 기술은 고도의 타이밍이 생명이라고! **거품과 목소리를 활용한 혹등고래만의 기술**이라고!

목소리라고 하니 혹등고래 씨는 **노래를 부르는 고래로도 알려져 있죠.**

캡

혹등고래

맞아. **암컷에게 노래를 불러** 구애하지.

와아! 로맨틱해요.

우사미

어떤 노래인지 조금만 들려주세요!

캡

으음! 같은 혹등고래라도 살고 있는 바다가 다르면 노래가 **통하지 않기도** 하니까, 토끼는 알아듣기 힘들 거야.

결론

혹등고래는 무리로 물고기를 감싸, 거품으로 가둔 후 사냥하는 기술을 써요.

진짜예요 인정

77

두건물범 씨

수컷은 싸울 때 **코가 풍선처럼 부풀어요**

두건물범의 기초 지식

- **분류**: 포유류 식육목
- **분포**: 대서양 북부
- **크기**: 전체 길이 약 270cm (수컷)

깜짝 레벨 ★★★★☆

제2장 진짜 기술이에요!
~ 믿기지 않는 대단한 기술 ~

두건물범

안~녕! 두건물범이야~! **수컷만이 지닌 기술**을 선보이러 왔어. 코에 주목해 달라고~.

그 축 처진 검고 커다란 코로 무엇을 할 수 있나요?

우사미

두건물범

원, 투, 쓰리! 이얍!

와아~, 코가 빨간 풍선처럼 부풀어 올랐습니다!

캡

두건물범

코의 바깥쪽 피부에 공기를 보내서 부풀렸지! 게다가 봐 봐. 원, 투, 쓰리! 흐압!

이번에는 빨간 풍선이 코에서 튀어나왔어요~!

우사미

두건물범

비밀을 밝히자면, 이건 **좌우의 콧구멍을 나누는 부분이 부풀어 오른 거야!**

대단한데, 무슨 의미가 있나요? 마술로 인기를 얻는다든가?

우사미

두건물범

마술은 아니지만, **수컷은 코를 검거나 붉은 풍선처럼 부풀려서 암컷에게 구애하고, 수컷끼리의 싸움에서는 서로에게 이것을 보여 승패를 가리기도 해.** 상처 입히는 싸움을 피하는 방법 중 하나라는 말이지.

다치기 전에 "수건"을 던져서 항복하는 것이군요.

결론

수컷 두건물범은 축 처진 커다란 코를 풍선처럼 부풀려, 암컷에게 구애하거나 다른 수컷과 겨뤄요.

진짜 예요 인정

물총고기 씨

먹잇감을 발견하면 물대표 발사!

거리 2미터…
풍속 제로…

앗?

푸슉

알겠다, 라저!

🔍 **물총고기의 기초 지식**

- **분류** 조기어류 농어목
- **분포** 동남아시아 주변
- **크기** 전체 길이 15~30cm

깜짝 레벨
★★★★★

제2장 진짜 기술이에요!
~ 믿기지 않는 대단한 기술 ~

물총고기

내 이름은 물총고기. 어류계의 최강 저격수야. **물대포로 먹잇감을 사냥한다고.** 후훗······.

전투적인 말이네요, 물대포라고요?
우사미

물총고기

훗······. 수면 근처에 하루살이 등의 작은 곤충이 날아다니면 **입으로 물대포를 쏴 사냥하지!** 2m 정도 떨어진 곳도 정확히 명중시킬 수 있어. 그리고 물속에 떨어진 것을 먹지. 후훗······.

날고 있어도, 멀리 있어도 맞출 수 있다고요? 어떤 원리로 물을 쏘는지 궁금해요~.
우사미

물총고기

내 위턱에 있는 가늘고 긴 홈과 둥근 혀로 물이 지나가는 길을 만들고, 거기에 아가미로 물을 강하게 쏘면 물이 힘차게 뿜어지지.

물속에서 물 밖의 모습을 어떻게 보나요?
캡

물총고기

으음, 먹이의 위치도 어긋나 보이지. 그래서 **그 어긋난 것을 계산해서 쏘지.**

물총고기 씨는 모두 그렇게 엄청난 기술을 지녔나요?
우사미

물총고기

잘 못하는 녀석도 있지만, **그 녀석은 동료가 쏴 떨어뜨린 먹이를 가로채 가.** 세상은 그렇게 호락호락하지 않다고.

결론

물총고기는 <u>위턱의 홈과 둥근 혀로 물이 지나가는 길을 만들어</u>, <u>물을 쏴서 먹잇감을 사냥해요.</u>

진짜 인정 예요

증언자 **마귀상어** 씨

먹잇감을 사냥할 때 **턱이 앞으로 튀어나와요!**

꺄아아아아!!

잘 먹겠습니다

 마귀상어의 기초 지식

- 분류: 연골어류 악상어목
- 분포: 태평양, 인도양 등
- 크기: 전체 길이 약 3m

깜짝 레벨

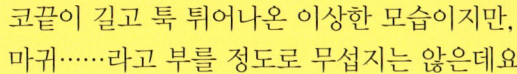

제2장 진짜 기술이에요!
~믿기지 않는 대단한 기술~

마귀상어

아하하하하, 이 몸은 마귀상어. 다른 이름은 '고블린 상어(악마상어)'다.

코끝이 길고 툭 튀어나온 이상한 모습이지만, 마귀……라고 부를 정도로 무섭지는 않은데요.

캡

마귀상어

아하하하, 이 몸이 먹잇감을 사냥하는 광경을 본다면 네놈들은 공포의 수렁으로 떨어질 게 분명하지.

먹잇감을 노리는 마귀 같은 모습, 보여 주세요!

우사미

마귀상어

긴 코끝이 먹잇감이 내뿜는 약한 전류를 감지해, 어두운 바다에서도 위치를 찾아낼 수 있지.

긴 코에 그런 비밀이 있었군요. 그래서요?

우사미

마귀상어

오징어나 문어 등의 먹잇감을 발견하면 예리하고 가느다란 이빨이 촘촘히 난 턱을 앞으로 쑥 내밀어 물어 버리지. 아하하하!

꺄아~! 무서워요! 징그러워요! 이제 그만……. (기절)

우사미

마귀상어

대부분의 상어는 턱이 튀어나오지.

하지만 **다른 상어에 비해서도 엄청 튀어나왔네요.** 심장이 "마구" 뛰네요.

캡

결론

대부분의 상어는 먹잇감을 사냥할 때 턱이 튀어나오지만, 특히 마귀상어의 턱은 다른 상어보다 앞으로 더 튀어나와요.

진짜예요 인정

전기뱀장어 씨

말이 감전사할 정도로
강한 전기를 내뿜어요

전기뱀장어의 기초 지식

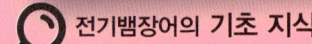

- **분류** 경골어류 잉어목
- **분포** 남아메리카(아마존강·오리노코강 유역)
- **크기** 몸길이 약 2m

깜짝 레벨

제2장 진짜 기술이에요!
~믿기지 않는 대단한 기술~

전기뱀장어: 다음은 저, 전기뱀장어의 기술을 선보일 차례군요.

캡: 이름부터 짐작이 갑니다! **전기를 내뿜는** 능력이겠죠.

전기뱀장어: 맞아요. 몸에서 전기를 내는 어류는 몇 종류 없는데, **전기로 적으로부터 몸을 보호**하고 **탁한 강에서도 먹이와 장해물을 감지**할 수 있죠.

우사미: 기계도 아닌데 전기를 내뿜는 건 신기하네요.

전기뱀장어: 흥분하면 발전(發電)하는 세포를 지녔어요. 그중에서도 저희 전기는 **발전하는 어류 중 최강인 650~850볼트**예요.

우사미: 그건 얼마나 대단한 거예요?

전기뱀장어: 전기에 약한 **말이 물속에 들어오면 단번에 감전사할 수 있을** 정도의 세기예요.

우사미: 대단해요~! 정전이 돼도 당신이 있으면 전기를 쓸 수 있겠어요!

전기뱀장어: 안타깝게도 **전기를 내뿜는 건 한순간**이에요. 게다가 **몇 번이나 전기를 뿜게 되면 약해져요**.

캡: 전기는 "정기"적으로 쓰기엔 무리가 있군요.

결론

전기뱀장어는 <u>발전하는 세포에서 650~850볼트에 달하는 전기를 내뿜어, 몸을 지켜요.</u>

진짜 인정이에요

누벨칼레도니까마귀 씨

구멍 속의 유충을 낚기 위해
스스로 도구를 만들어요

"이 정도 각도가…"

"저 구멍에 있는 유충을 잡으려면……"

까악

"여기면 안전하겠지"

🔍 누벨칼레도니까마귀의 기초 지식

- **분류** 조류 참새목
- **분포** 뉴칼레도니아섬
- **크기** 전체 길이 40~43cm

깜짝 레벨

제2장 진짜 기술이에요!
~ 믿기지 않는 대단한 기술 ~

누벨칼레도니까마귀 씨, 당신의 기술은 장인 같다고 들었습니다. 무슨 말인가요?

바보 녀석, 그런 것도 모르는 건가. 하는 수 없군, 알려 주지. 난 **도구를 쓴다.**

도구 장인이요? 동물 중에서도 도구를 사용하는 건 극히 일부라고 들었는데……. 그걸 새가?

바보 취급하지 말라고. **가시 있는 나뭇잎을 부리로 가공한 후, 작은 나뭇가지를 깎아 끝을 가늘게 쪼개면** 나무줄기 안에 있는 곤충의 유충도 꺼내는 **낚싯대 같은 도구를 만들 수 있다.** 어떤가?

그거, 저도 방법을 알려 주시면 안 될까요~?

바보 녀석. **기술은 같은 무리에서 대대로 모방해서 전해진다.** 다른 이에게 알려 주지 않는단 말이지. 그러니 **다른 무리는 먹이에 따라 만드는 방법이 다르다.**

일족에만 전승되는 대단한 기술이군요.

그렇지! **침팬지보다 도구를 만드는 기술이 뛰어나다!** 봤는가!

결론

누벨칼레도니까마귀는 <u>무리마다 독자적인 기술을 지녔고, 잎과 작은 나뭇가지를 가공한 도구를 만들어 나무줄기 안의 유충을 사냥해요.</u>

진짜 예요 인정

금조 씨

조류 중에서도 가장 흉내 내기를 잘해요

금조의 기초 지식
- **분류** 조류 참새목
- **분포** 호주 남동부
- **크기** 전체 길이 약 103cm (수컷), 76~80cm (암컷)

깜짝 레벨

제2장 진짜 기술이에요!
~ 믿기지 않는 대단한 기술 ~

우사미: 금조 씨는 '거문고새'라고도 불리니, 우는 목소리나 우는 음색이 아름다운 기술인 게 아닐까요?

금조: 내 긴 꼬리털은 하프를 닮았지. 그건 그렇고 기술이 목소리에 관계된 건 사실이야. **흉내가 특기야.**

우사미: 다른 새의 목소리를 흉내 내는 건가요?

금조: 맞아. 아침밥 전에는 말이지. **곤충의 우는 소리도 흉내 내고, 카메라의 '찰칵' 셔터 소리나 휴대전화의 착신 소리, 전기톱 소리, 자동차의 브레이크 소리, 무엇이든 가능해.** 흉내 내 볼까. ♪찰칵 ♪따르르릉~ ♪위이이이잉 ♪끼긱~!

캡: 우와아, 코카투와 구관조는 인간의 말을 배워 흉내 내는데, 금조는 흉내보다는 소리를 똑같이 복사하는 게 능력이군요!

금조: **흉내 내는 게 특기라, 레퍼토리가 많은 수컷일수록 암컷에게 인기가 많아.** 그래서 잘하게 됐지. 인기 많은 동료 중에는 **어느 회사의 퇴근 벨 소리를 따라 해 사원들이 모두 귀가**할 뻔한 일화도 있어.

캡: 금조 씨의 흉내, "조금" 탐나네요.

결론

금조는 흉내를 잘 내어 새나 곤충의 울음소리뿐만 아니라, 기계 소리까지 자유자재로 따라 할 수 있어요.

진짜 예요 인정

바실리스크이구아나 씨

적이 공격하면 물 위를 달려 도망쳐요

🔍 바실리스크이구아나의 기초 지식

분류 파충류 뱀목
분포 중앙·남아메리카 북부
크기 전체 길이 60~80cm

깜짝 레벨
★★★★★

제2장 진짜 기술이에요!
~믿기지 않는 대단한 기술~

 바실리스크 이구아나: 비상 비상 비상 비상!

 우사미: 응? 방금 뭔가가 물 위를 엄청난 속도로 지나간 것 같은데……. 헉, 돌아왔어요.

 바실리스크 이구아나: 늦었군. 나는 보통 물가의 나무 위에서 생활하지만, **적에게 공격받으면 때로는 선 자세로 수면(水面) 비행을 해, 도망치기도 해.**

 캡: 마치 닌자의 '물거미 술법' 같군요! 어떻게 그런 일이 가능한가요?

 바실리스크 이구아나: **비밀은 뒷다리의 긴 발가락에 있어.** 봐 봐, 실처럼 늘어진 피부가 있지. 이걸 수면에 재빠르게 부딪쳐 젖기 전에 다음 걸음을 내딛는 거야. 속도를 내면 4m 이상 달릴 수 있다고!

 캡: 속도가 떨어지면 어떻게 됩니까?

 바실리스크 이구아나: 물에 빠지지. 하지만 **수영이랑 잠수도 특기라 문제없다고!** 비상 비상!

 우사미: 대단하지만, 처음부터 헤엄치면 되는 거 아닌가요……?

 바실리스크 이구아나: 아무래도 **달리는 게 빠르고, 거리를 벌릴 수 있어서야.** 이거야말로 도마뱀 둔갑술 비기 중 '생존 비기'라고 할 수 있지.

결론

바실리스크이구아나는 뒷다리의 긴 발가락 피부를 수면에 부딪쳐, 재빨리 교차로 발을 뻗음으로써 물 위를 달릴 수 있어요.

진짜 예요 인정

진짜 날 수 있어요!
나는 동물 좌담회

사회자

멕시코 도롱뇽

좌담회 참가자

날도마뱀붙이 씨

날도마뱀 씨

날치 씨

 멕시코도롱뇽
> 오늘은 **새가 아니지만 날 수 있는** 의외의 동물들이 방문했습니다!

 날도마뱀붙이
> 맞아. 너와 같은 **양서류지만** 날 수 있어!

멕시코도롱뇽
> 그런 모습으로 날 수 있다니, 믿기지 않는군요.

 날도마뱀붙이
> 나무 위에서 적에게 공격받으면 **점프해**, 다리의 발가락에 있는 물갈퀴와 배의 주름으로 공기를 받아 활공해 도망치지!

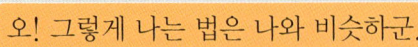
 날도마뱀
> 오! 그렇게 나는 법은 나와 비슷하군.

 멕시코도롱뇽
> 날도마뱀 씨는 **물갈퀴와 배의 주름도 없는** 듯한데요?

 날도마뱀
> 몸 양쪽에 접어 펼칠 수 있는 피막이 있어. 피막은 5~6개의 긴 연골로 지탱되지. 적에게 공격받으면 **확 펼쳐 활공해 도망쳐**. 10~20m는 날 수 있다고! 후훗!

제2장 진짜 기술이에요!
~ 믿기지 않는 대단한 기술 ~

날치

뭐야, 뭐야! 대단한 건 없잖아~.

날도마뱀

뭐야, 날치 씨! 당신은 얼마나 대단한데 그러는 거야?

멕시코도롱뇽

자자, 싸우지 마세요! 알려 주세요, 날치 씨.

날치

나는 **커다란 물고기에게 쫓기면 해수면 위를 지느러미를 펼치고 날아올라, 점프 한 번에 300m나 날 수 있어!** 기록 중에는 500m에 달하는 것도 있었지!

날도마뱀

대, 대단해…….

멕시코도롱뇽

날 수 있다는 건 정말 멋있다고 생각했는데, 생각해 보니 여러분 모두 **적으로부터 도망치기 위해 필사적으로 나는군요!**

날치

그렇게 말하면 불쌍하다고……. 뭐, 도망치는 게 최고긴 하지!

증언자 뿔도마뱀 씨

적이 공격할 때 마지막 수단으로 눈에서 피를 발사해요

피?

으랴앗!

푸슉

 뿔도마뱀(텍사스뿔도마뱀)의 기초 지식

- **분류** 파충류 뱀목
- **분포** 북아메리카 남서부
- **크기** 전체 길이 7~13cm

깜짝 레벨

제2장 진짜 기술이에요!
~믿기지 않는 대단한 기술~

우사미: 뿔과 가시가 있어 강해 보여요.

뿔도마뱀: 그게 그렇지만도 않아. 가시로 몸을 덮고 있지만, 별로 도움되지 않아서 **코요테 같은 적에게 딱 먹힌다고.**

캡: 그럼 안 되죠. 대단한 기술을 자랑하는 자리인데, 그건…….

뿔도마뱀: 뭐, 가시로 덮인 몸을 부풀려 적을 쫓기도 하지만, 별로 도움되진 않아. 그것보다 대단한 기술의 비밀은 이 눈에 있어.

우사미: 째려보면 적이 겁에 질린다든가?

뿔도마뱀: 겁에 질리는 건 정답이야. **눈 끄트머리에 있는 관에서 푹 하고 피를 발사해 적을 위협하지. 2m 가까이 날아가고 지독한 냄새가 나니, 적이 바로 도망치게 돼.** 대단하지?

캡: 그건 진짜 피인가요? **큰 출혈이잖습니까?**

뿔도마뱀: 맞아. 그래서 몸의 피가 줄어 **며칠간 쓰러져 있기도 해.** 그동안 먹힐 수도 있으니 위험이 따르는 기술이야.

우사미: 출혈이 크면 본인도 위험한 기술이네요…….

결론

뿔도마뱀의 눈에는 피를 내뿜는 관이 있어, 냄새가 지독한 피를 발사해 적을 쫓아요.

진짜 인정이에요

개구리 씨

먹지 못하는 걸 삼켰을 때
위주머니째 뱉어요

개구리(참개구리)의 기초 지식

분류 양서류 무미목 **분포** 한국, 일본, 중국 동부~러시아 극동부
크기 몸길이 3.8~9.4cm

깜짝 레벨
★★★★★

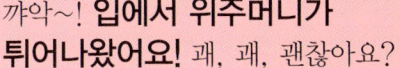 제2장 **진짜 기술이에요!**
~ 믿기지 않는 대단한 기술 ~

개구리
개굴, 개굴……, 개굴~!

우사미
꺄악~! 입에서 위주머니가 튀어나왔어요! 꽤, 꽤, 괜찮아요?

개구리
잠깐 기다려. 위주머니를 씻고……, 입안에 다시……, 됐다.

캡
이걸로 됐다니, 토한 거 아니었나요……?

개구리
후훗, 별거 아니야. 난 입이 크잖아. 그래서 **먹을 게 아닌 걸 먹었을 때 이런 식으로 제거**하는 거야.

캡
뭔가 엄청 괴상한데요…….

개구리
그런가? 뭐, 먹을 걸 삼킬 때는 조금 귀여운데 말이지. 자, 보여 줄게.

우사미
꿀꺽할 때 눈을 꾹 감네요. 어째서인가요?

개구리
눈을 감으면 눈알이 입안으로 쑥 들어가. 그 기세로 먹이를 목 안쪽으로 집어삼키는 거야.

우사미
개구리 씨는 여러 이상한 기술을 지녔네요…….

결론

개구리는 입이 커, 먹이 이외의 것을 삼키기 쉬워요. 그럴 때는 <u>위주머니째 꺼내 제거해요</u>.

자폭 개미 씨

적이 공격해 위험에 처했을 때

자폭해 적을 쫓아요

"설마 본인도 같이…?"

"모두 안녕… 잘 지내……!"

자폭 개미의 기초 지식

- **분류** 곤충류 벌목
- **분포** 말레이시아, 브루나이
- **크기** 몸길이 약 5mm

깜짝 레벨 ★★★★☆

제2장 진짜 기술이에요!
~믿기지 않는 대단한 기술~

 자폭 개미: 대단한 기술 발표장이 여기 맞나요?

 캡: 그렇습니다. 당신도 엄청난 기술이 있나요?

 자폭 개미: 있긴 있어요. 하지만 기술을 보여 주긴 어려워요.

 우사미: 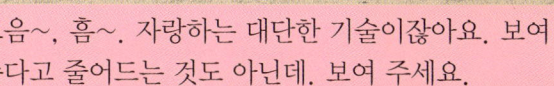 으음~, 흠~. 자랑하는 대단한 기술이잖아요. 보여 준다고 줄어드는 것도 아닌데. 보여 주세요.

 자폭 개미: 보여 주면 줄어드는 것이라 그래요.

 우사미: 네? 뭐가 줄어요?

자폭 개미: 제 목숨이요! 저희는 **적에게 공격받아서 질 것 같다고 생각되면, 배의 근육을 수축해 폭발하고, 독액을 뿌려 적에게 대항해요!**

 캡: 그럼 **당신은 죽지 않습니까!** 그렇게 슬픈 일은 "재미"없다고요!

 자폭 개미: **둥지와 동료를 지키기 위한 사명**이라 그래요! 아! 동료가 있는 둥지가 거미에게 공격받아 위험해요! 자폭해 지켜야겠어요! 토끼 씨, 안녕히 계세요!

 우사미: 자폭 개미 씨……. 당신의 용기, 잊지 않겠어요……!

결론

자폭 개미는 둥지나 동료가 적의 위험에 처하면, 자폭해 적에게 독액을 뿌려서 지켜요.

일본꿀벌 씨

말벌이 공격하면 **힘을 모아 쪄 죽여요**

일본꿀벌의 기초 지식

- **분류** 곤충류 벌목
- **분포** 일본
- **크기** 몸길이 10~12mm(일벌)

깜짝 레벨

제2장 진짜 기술이에요!
~ 믿기지 않는 대단한 기술 ~

 일본꿀벌: 동료를 지키기 위해 목숨을 아끼지 않아요!

 캡: 당신들도 그런가요? 어떤 행동을 하시나요?

 일본꿀벌: 네! 천적인 말벌이 둥지를 습격하면 서로 앞다투어 둘러싸요!

 우사미: 앞다투어 둘러싼다니, 적과 사이좋게 지내는 기술인가요?

 일본꿀벌: 그럴 리가요! 몇십 마리에서 몇백 마리가 말벌을 둘러싸 *봉구(蜂球)를 만들고, 근육과 날개를 움직여 온도를 높이고……, 쩌 죽이는 거랍니다!

 우사미: 살인, 아니 살충 둘러싸기네요……!

 일본꿀벌: 다만 봉구의 **중심부에 날아든 동료**는 말벌의 큰 턱에 뜯겨 죽임당해요. 게다가 봉구는 손상이 크기 때문에 **참가한 동료의 수명이 줄게 돼요.**

 캡: 봉구 만들기를 반복하면 모두 수명이 짧아지지 않나요?

 일본꿀벌: 그래서 다음 봉구 만들기를 할 때는 **수명이 줄어든 동료가 죽을 확률이 높은 중심부에 위치**하게 돼요.

우사미: 그렇게 해서 젊은 동료를 살린다니……. 안타까운 기술이에요.

*봉구(蜂球): 공 모양으로 무리를 지어 있는 벌의 무리.

 결론

 일본꿀벌은 말벌에게 둥지를 공격당하면 <u>모두가 협력해 둘러싸 열을 내 쩌 죽여요.</u> 하지만 이로 인해 죽는 개체가 많고 수명이 줄어요.

노린재 씨

증언자

몸을 지키기 위해 내뿜는 냄새는 자기들이 죽을 정도로 독해요

노린재(풀색노린재)의 기초 지식

- **분류** 곤충류 노린재목
- **분포** 세계 각지
- **크기** 몸길이 12~16mm

깜짝 레벨

제2장 진짜 기술이에요!
~믿기지 않는 대단한 기술~

우사미: 으앗! 옷에 노린재가 붙었어요……. 지독한 냄새가 나요~. 저, 지독한 냄새는 질색이에요.

노린재: 그렇게 말하지 마세요. 살아남기 위해선 중요한 거라고요.

캡: 역시 냄새는 몸을 지키기 위함인가요? 적도 냄새만 맡아도 도망칠 것 같군요.

노린재: 맞아요. 적에게 먹혀도, 다리에 달린 분비샘에서 뿜는 액체 냄새가 지독해 뱉어 내 살아남죠. 뭐, 새나 거미에게는 통하지 않지만요.

우사미: 그러면 전혀 중요하지 않은 거 같은데요.

노린재: 그 밖의 역할도 있어요. 동료에게 위험이나 길, 집합 장소 등을 알리기도 하죠. 냄새의 농도를 바꿔 용도를 구분해요.

우사미: 연락 수단도 되는군요! 엄청난 냄새 기술이에요.

노린재: 하지만 곤란한 점도 있어요. 밀폐된 용기에 가둬 놓았을 때 냄새를 뿜으면 모두 죽게 돼요.

캡: 자연에서 밀폐될 일은 없지만……. 자기 냄새에 죽는 건 엄청 슬픈 일이군요…….

결론

노린재가 내뿜는 냄새는 몸을 지키거나 위험을 알리는 등의 역할이 있어요. 밀폐 용기에서는 그 냄새 때문에 죽기도 해요.

진짜예요 인정

103

복서게 씨

적을 위협할 때

말미잘을 휘둘러요

복서게의 기초 지식

- 분류: 갑각류 십각목
- 분포: 인도, 서태평양
- 크기: 등딱지 폭 약 15mm

깜짝 레벨
★★★★☆

제2장 진짜 기술이에요!
~ 믿기지 않는 대단한 기술 ~

우사미: 치어리더의 응원 장식처럼 엄청 귀여워요~!

복서게: 귀·엽·다·고? 아가씨, 실례군……. 나는 싸우는 남자, 복서라고.

캡: 그 응원 장식은 복서의 글러브라는 말씀이신가요?

복서게: 맞아. 독침을 지닌 말미잘 글러브지. 이 녀석으로 문어 같은 적들이 가까이 오면 휘둘러 쫓아내지. 힘내라, 힘!

우사미: 펀치가 아니라 휘두르는군요……. 게다가 말미잘이라니.

복서게: 쓰기만 하는 건 아니야. 내가 플랑크톤을 먹을 때는 남긴 것을 먹이지.

캡: 만약 말미잘을 잃어버리면 어떻게 되나요?

복서게: 동료에게서 하나 빼앗지! 그리고 말미잘을 둘로 찢어. 그러면 말미잘은 재생해서 원래대로 돌아오게 돼.

캡: 말미잘이 빨리 "복사"되지 않으면 몸을 지킬 수 없어서 불안하겠군요.

결론

복서게는 집게로 말미잘을 집고 복서의 글러브처럼 사용해, 그 독으로 몸을 지켜요.

딱총새우 씨
몸을 지킬 때
물속에서 충격파를 작렬!

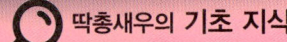

딱총새우의 기초 지식

- 분류: 갑각류 십각목
- 분포: 동아시아 연안
- 크기: 몸길이 50~70mm

깜짝 레벨
★★★★★

제2장 진짜 기술이에요!
~믿기지 않는 대단한 기술~

우사미: 어라? 한쪽 집게발이 큰 딱총새우 씨군요. 장식처럼 움직이질 않네요~.

딱총새우: 당연하지. 이 몸은 헤엄치는 걸 좋아하지 않아. 바위틈이나 구멍 안에 숨어 있지. 실은 눈이 나빠서 말이야.

캡: 그러면 살아남을 수 있나요?

딱총새우: 파트너가 있어. 눈이 좋은 망둑어와 지내면서 서식지 주변을 순찰하도록 부탁해서, 오징어 등의 적이 오는 걸 알게 되거나 남은 먹이를 받기도 해.

우사미: 잠시만요! 그건 도움을 받기만 하잖아요! 엄청난 기술 이야기를 해 주셨으면 하는데…….

딱총새우: 그건 그렇군. 난 내 몸과 망둑어를 함께 보호해. 적이 오면 큰 집게발을 열었다가 힘차게 닫지! 그러면 거품이 생겨. 그때 200데시벨 이상의 충격파를 만들 수 있다고.

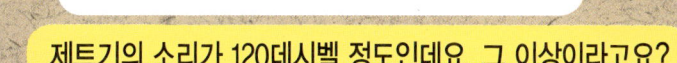

캡: 제트기의 소리가 120데시벨 정도인데요. 그 이상이라고요?

딱총새우: 음, 이 정도는 돼야 적이 놀라서 도망치지.

캡: 소리의 탄환을 "딱" 쏘는군요. 대단합니다.

결론

딱총새우는 큰 집게발을 열었다가 힘차게 닫음으로써, 제트기 이상의 소리를 내 충격파를 만들고 적을 쫓아요.

증언자 **해삼** 씨

적이 공격하면 내장을 빼고 도망쳐요

냠 냠

우물 우물

냠 냠

뻥이야~

내장은 이제 없다고

느릿 느릿

🔍 해삼의 기초 지식

- **분류** 해삼류 순수목
- **분포** 아시아 북동부 연안
- **크기** 몸길이 20~30cm

깜짝 레벨
★★★★★

제2장 진짜 기술이에요!
~ 믿기지 않는 대단한 기술 ~

우사미: 앗, 깜짝 놀랐어요! 해삼 씨, 뭐하고 계신가요?

해삼: 멍~때리고 있지. 나는 눈, 귀, 코가 없고 뇌도 없어. **입도 엉덩이에 있는 구멍밖에 없지.**

캡: …… 뭔가 이해하기 어려운 동물이 왔군요.

해삼: 느긋~하게 움직이면서 **모래밭에 섞인 물고기의 사체 파편이나 해초 찌꺼기를 먹으며 살아~.**

우사미: 아이고 답답해라! 당신, 그러다 적에게 공격당하면 어쩔 셈이에요?

해삼: 아~. 그건 싫어. 스트레스야~. **적이 공격하거나 스트레스를 받으면, 엉덩이의 구멍에서 '퀴비에관'이라는 내장을 툭 하고 내밀어~.**

우사미: 그거, 위험하잖아요!

해삼: 나온 내장을 적이 먹는 동안 정신없이 도망친다고~. 내장은 **수십 일 정도면 재생하니** 괜찮아~.

캡: 내장을 먹혀도 괜찮다니, "새삼" 대단하네요…….

우사미: 캡의 반응, 저도 이해해요. 뭔가 느긋하지만은 않다고요.

결론

해삼은 <u>적이 공격하거나 스트레스를 받으면, 엉덩이의 구멍에서 내장을 꺼내 적에게 먹이고 그동안 도망쳐요.</u>

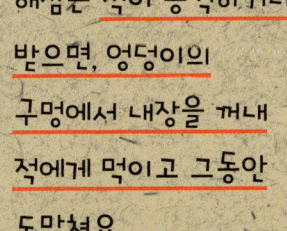

증언자 **흉내문어** 씨

물고기나 바다뱀 등의 다른 동물로 변신해요!

팟 파팟
바다뱀?
에엣?
?!
후후훗
후후훗...... 정체는 과연 무엇일까...?

흉내문어의 기초 지식
- **분류** 두족류 문어목
- **분포** 인도양~서태평양 연안
- **크기** 팔을 벌렸을 때 지름 약 60cm

감짝 레벨
★★★★★

제2장 진짜 기술이에요!
~믿기지 않는 대단한 기술~

어라? 다음에 등장하는 분은 문어에 속하는 흉내문어 씨라고 들었는데 쏨뱅이 씨?
캡

흉내문어

어~이! 속았군~. **쏨뱅이로 변신한 흉내문어**라고~!

헤엄치는 모습이 완전 똑같아요! 가만히 있을 때는 흉내문어 씨라는 걸 알았지만요!
우사미

흉내문어

내 이름의 **'흉내'는 따라 한다는 의미야.** 원래는 갈색이지만 색도 변하지. **다른 동물의 모습 흉내가 특기야.**

대단해~요. 다른 흉내는 어떤 게 있나요?
우사미

흉내문어

바다의 모래밭에서는 **가오리나 가자미 흉내를 내려고** 몸을 평면으로 바꾸고 흐물흐물 헤엄치면서 먹이를 사냥해. 자리돔 등의 **적이 서식하는 곳에서는 천적인 바다뱀처럼 가늘고 긴 모습으로 변신해.**

흉내 레퍼토리는 얼마나 되나요?
우사미

흉내문어

그 밖에도 **불가사리, 말미잘** 등……. 그렇지, **40종 이상**이겠어. 레퍼토리는 더 늘리고 싶지만 말이야.

이러다 자아가 "문어(무너)"지겠어요.
캡

결론

흉내문어는 다른 동물 흉내가 특기예요. 장소나 먹이, 천적에 맞춰 절묘한 모습으로 변신해요!

물벼룩 씨

화나게 하거나 공격하면
머리를 뾰족하게 해 위협해요

🔍 **물벼룩의 기초 지식**
- 분류: 갑각류 양갑목
- 분포: 세계 각지
- 크기: 몸길이 1.5~3.5mm

깜짝 레벨

제2장 진짜 기술이에요!
~믿기지 않는 대단한 기술~

물벼룩

나도 대단한 기술을 보이고 싶어~.

어디 계신가요, 어디, 어디죠? 아, 현미경으로 봤더니 있군요! 엄청 작은 물벼룩 씨.

우사미

물벼룩

다행이야~, 발견해서. 내 대단한 기술은 **머리 모양**에 있어.

물속에서 둥둥 헤엄치는 물벼룩 씨의 머리, **둥글군요. 여기에 뭔가가?**

캡

물벼룩

나를 공격하는 모기 유충의 냄새를 감지하는 등, **화나거나 목숨의 위협을 감지하면 머리가 뾰족해져!**

와~! 뾰족해졌어요! 엄청 화난 듯하네요. 그러면 **모기 유충도 손을 댈 수 없나요?**

우사미

물벼룩

…… 그게, 내게 있어서는 엄청난 기술인데 **뾰족하게 만들어도 상대가 위축되지 않아. 딱 잡아먹히지.** 나와 비슷한 다른 동료도 머리가 더 뾰족하지만 똑같이 잡아먹혀.

…… 머리가 뾰족해도 개의치 않고 먹는군요. 그건 그거대로 대단한 기술입니다만.

캡

결론

물벼룩은 <u>천적의 냄새를 감지하거나 화가 나면, 머리가 뾰족해져요.</u> 하지만 <u>천적은 개의치 않고 먹어요.</u>

꿀벌 난초 씨

벌 같은 꽃을 피워 **수컷 벌을 속여요**

증언자

 꿀벌 난초의 기초 지식
- 분류: 속씨식물 비짜루목
- 분포: 지중해 연안

깜짝 레벨 ★★★★★

제2장 진짜 기술이에요!
~믿기지 않는 대단한 기술~

> 귀여운 모양의 꽃이에요~. 하지만 **곤충으로도 보여요.**

우사미

꿀벌 난초

> 좋은 점을 짚었어. **식물은 꽃의 암꽃술에 꽃가루를 묻혀 번식해.** 그 때문에 꽃가루가 바람에 날리는 등의 방식을 택하기도 해. 내 경우에는 **벌과 비슷한 꽃을 피우는** 거지.

> 벌과 비슷한 꽃을 피우면 꽃가루는 어떻게 옮겨지나요?

우사미

꿀벌 난초

> 내 꽃 모양, 색, 윤기는 **수컷 벌의 눈에 진짜 암컷과 똑 닮았어.** 그래서 암컷으로 착각해 교미하러 온 수컷 벌이 꽃에 모여들게 돼.

> 그렇군요. 그래서 **수컷이 몸에 꽃가루를 묻혀 날아가고, 꽃가루가 다른 꽃에 옮겨질 수 있군요.** 겉모습으로 간단히 속였네요.

캡

꿀벌 난초

> 겉모습뿐만이 아니야. 꽃에서 교미 전의 암컷 벌이 뿜는 페로몬이라는 물질을 발산해. 그래서 수컷이 휘잉 이끌릴 수밖에 없지.

> 그래서 수컷 벌이 속은 것조차 눈치채지 못하는군요!

캡

결론

꿀벌 난초는 <u>겉모습과 냄새가 암컷 벌과 똑 닮은</u> 꽃을 피우고, 모여든 <u>수컷 벌이 꽃가루를 옮기게 돼요.</u>

진짜예요 인정

퀴즈 진짜 비교해 봤어요 ②
사냥 왕은 누구?

공통점 퀴즈에 이어 또 등장한 **치타**, 무리가 서로 도우며 생활하는 **아프리카들개**, 애완동물로도 사육되는 품종인 **불테리어**. 이 세 종의 동물 중에 먹잇감을 사냥하는 사냥 왕이 있어요. 누가 가장 사냥을 잘 할까요?

우사미

| 치타 | 아프리카들개 | 불테리어 |

정답
캡

정답은, 치타……라고 말씀드리고 싶지만, 치타는 발은 빠르지만 체력이 부족해 사냥 성공률이 높지 않아요. **정답은 아프리카들개예요.** 시속 60km로 몇십 분이나 달릴 수 있고, 먹잇감의 주변을 무리로 둘러싸고 쫓아서 마무리 짓죠. 참고로 불테리어는 쥐 사냥 대회의 왕자! 1시간 반 동안 500마리의 쥐를 사냥한 기록이 있어요.

증언자

돼지 씨

원래 멧돼지지만 야생화해 몇 세대를 거치면 다시 멧돼지가 돼요

저기가 고향인가…

🔍 **돼지의 기초 지식**
- **분류** 포유류 소목
- **분포** 원산지 : 유럽, 아시아
- **크기** 체중 200~300kg

깜짝 레벨
★★★★★

제3장 진짜예요?
~믿기지 않는 의외의 사실~

돼지: 킁……. 우리 돼지는 원래 **멧돼지였던 것을 가축화한 것으로** 알려져 있지 않아? 신사 숙녀분.

캡: 맞습니다. **성질이 난폭한 멧돼지 씨를 기르기 쉽게 개량**했죠.

우사미: 멧돼지 씨의 옛 모습은 있지만, 이빨도 없고 얌전해서 믿기지 않아요!

돼지: 그 말대로야, 아가씨~! 나도 믿기지 않아. 하지만 **내가 야생으로 돌아가 생활하면 몇 세대 후의 자손은 멧돼지가 된다고 해.**

캡: 에엣! 그거 진짜예요?

돼지: 몇 세대 전 선조의 특징이 자손에게 전해져 선조로 다시 돌아가는 거지.

우사미: 그럼 당신도 야생으로 돌아가면 자손의 자손의 자손은…….

돼지: 멧돼지가 돼서 야산을 활보하겠지. 훗.

캡: 돼지도 밖을 돌아다니면 멧돼지처럼 험해질 수 있군요.

결론

멧돼지를 개량해 태어난 돼지는 <u>야생 생활을 하면서</u> 세대가 거듭되면, 선조의 <u>특징이 드러나 다시</u> <u>멧돼지가 돼요.</u>

하마 씨 땀의 색깔이 핏빛이에요

오늘은 건조하군……

흠칫

땀이…

🔍 하마의 기초 지식
- 분류 포유류 소목
- 분포 아프리카
- 크기 몸길이 280~420cm

깜짝 레벨 ★★★★★

제3장 진짜예요?
~ 믿기지 않는 의외의 사실 ~

우사미: 하마 씨의 '진짜예요' 이야기를 들으러 왔는데……. 온몸이 피범벅이에요~! 싸움이라도 한 건가요? 상대는 악어 씨? 코끼리 씨? 사자 씨?

하마: 난 싸움에 있어선 '아프리카 최강 동물'이라고도 불리지. 이건 상처가 아니야. **피가 아니라 땀이라고!**

캡: 말도 안 됩니다! 붉지 않습니까?

하마: **이 몸의 땀은 빨강이나 주황색 색소가 들어 있어서 피처럼 보이는 거라고!**

우사미: 어째서 그런 이상한 색의 땀을 흘리나요?

하마: 싸움은 강하지만……, **피부가 건조에 약해!** 그래서 **보통은 물에서 생활하고, 피부를 보호하는 성분이 있는 붉은 땀으로 건조나 햇볕을 막지.** 뭐, 땀을 흘리는 땀샘이 변형된 곳에서 나오니 **정확히는 땀이 아니라고도** 할 수 있지.

캡: 하마 씨는 땀으로 몸을 적셔 피부를 보호"하마"…….

우사미: 미용과 건강을 신경 쓰는 거네요!

하마: 미용과 건강……이라는 말, 약해 보이니 그만두라고!

결론

하마는 오랫동안 물 밖에 나오면 핏빛 땀 같은 물질을 흘려, 건조나 햇볕으로부터 피부를 보호해요.

진짜예요 인정

오카피 씨

목은 길지 않지만 기린의 조상에 가까워요

🔍 오카피의 기초 지식
- 분류: 포유류 소목
- 분포: 아프리카(중앙아프리카)
- 크기: 몸길이 197~215cm

깜짝 레벨

제3장 진짜예요?
~ 믿기지 않는 의외의 사실 ~

캡: 당신은 자이언트판다, 피그미하마에 이어 '세계 3대 진귀한 동물' 오카피 씨! 뵙고 싶었습니다!

우사미: 엣? 어디가 '진귀한 동물'인가요? 겉모습은 특이하지만, 그냥 얼룩말 아닌가요?

오카피: 하하핫. 재미난 얘기를 하는군. 나 같은 줄무늬 문양을 지닌 얼룩말은 없다고. 실은 **말이 아니라 기린**이지. 자, 앞발의 발굽이 기린처럼 둘이야. 말은 발굽이 하나라고.

우사미: 에에엣~! 하지만 목이 길지 않잖아요!

오카피: 나는 **가장 오래된 기린의 조상인 '팔레오트라구스(Palaeotragus)'라는 동물의 모습을 거의 간직한 채 살아왔어.** 기린은 진화 도중에 목이 길어졌으니, 오히려 저쪽이 이상한 놈이란 말이지.

우사미: 그리고 보니 얼굴은 비슷한 것 같기도…….

오카피: 맞아! 기린과 마찬가지로 '윗입술이 아랫입술을 덮고 있고', '혀가 긴' 특징도 있어.

캡: 역시 '진귀한 동물'인 만큼 특이하군요! "카피"할 수 없네요!

결론

오카피는 말이 아니며, 기린의 조상과 가까운 소목이에요. 얼굴의 생김새와 발굽으로도 알 수 있어요.

진짜예요 인정

삼색 고양이 씨

삼색 털을 지닌 고양이의
99% 이상은 암컷이에요

집고양이의 기초 지식

분류 포유류 식육목 **분포** 세계 각지
크기 체중 약 4kg
해설 '삼색 고양이'는 특징을 이르는 것으로 품종명이 아니에요.

깜짝 레벨

제3장 진짜예요?
~ 믿기지 않는 의외의 사실 ~

삼색 고양이

갑작스럽지만, 너희들 지금 엄청 특이한 고양이와 만난 거다냥.

엣? 어디에나 있을 법한 삼색 고양이잖아요.

우사미

삼색 고양이는 털색이 하양, 갈색, 검정으로 이루어진 집고양이를 일컫죠. 당신도 그 삼색이네요. 무엇이 특이한가요?

캡

성별이다냥. 난 수컷 삼색 고양이지만, **삼색 고양이의 99% 이상은 암컷**이다냥!

삼색 고양이

그럼 대부분의 삼색 고양이는 암컷인가요? 어째서 수컷은 거의 없죠?

우사미

털이 삼색인 것에 비밀이 있다냥. 간단히 말하면 '털색이 세 종류가 되는 것'과 '수컷이 되는 것'은 유전자 문제 때문에 동시에 나타나지 않는다냥. 그래서 보통 암컷 삼색 고양이만 태어나게 되는 거다냥.

삼색 고양이

그런데 당신은 수컷이죠! 어째서죠?

우사미

어~엄청 낮은 확률로 돌연변이가 일어나 태어날 수 있다냥. 그래서 아주 귀중해, 수컷은 행운을 부르는 '행운 고양이'라고도 불린다냥.

수컷 삼색 고양이, 발견하면 행운이었군요!

캡

결론

고양이는 삼색 털을 지니는 것과 수컷이 되는 것이, 돌연변이가 없는 이상 동시에 일어나지 않아요. 그래서 <u>삼색 고양이의 99% 이상은 암컷이에요.</u>

제3장 진짜예요?
~ 믿기지 않는 의외의 사실 ~

 **우사미**: 저기, 거기 숨어 있는 사향노루 씨, 다음 발표 순서죠? 나와 주세요.

사향노루: …… 저, 눈에 띄는 걸 별로 좋아하지 않는 성격이라서요…….

 **캡**: 어라? **뿔이 없군요.** 암컷인가요?

 **우사미**: 잠깐요, 캡. 뿔은 없지만 **엄니가 있어요!** 으악~. **진짜예요~!**

사향노루: 진짜야……. 난 원시적인 사슴이라 **수컷은 위턱에 예리한 이빨이 발달해** 있어.

 **우사미**: 마치 흡혈귀 같은데요……. 그런데 피를 빠는 건 아니겠죠?

사향노루: 그건 아니지만 **암컷을 둘러싸고 싸울 때 이 이빨로 상대를 물기도** 해.

 **캡**: 수컷 사슴끼리 뿔로 싸우는 것과 비슷하군요.

사향노루: 참고로 **수컷의 배에는 냄새를 분출하는 분비샘이 있어서, 그 냄새로 암컷을 유혹해.**

 **캡**: '사향'의 "향"이 그런 의미였군요. 이빨로 싸우고 냄새로 유혹한다라…….

 **우사미**: 캡……. 이상한 생각하는 건 아니죠?

 **결론**

사향노루는 원시적인 사슴이에요. 수컷은 뿔 대신 위턱에 이빨을 지녀 암컷을 둘러싸고 싸울 때 사용해요.

127

진짜 있어요! 출석부 ❶

그 이름,

멕시코도롱뇽

이번 경연 대회에 출석한 동물 중에서도 특히 이름이 "진짜예요?"라고 할 만한 동물을 한데 모아 소개합니다!

오점촉수 씨
(일본명:아저씨)

봐 봐, 아래턱에 두 개의 **긴 수염**이 있지? **사람으로 치면 아저씨 같아서** 이런 이름이 붙었어.

몸의 문양이 **인터넷 연결을 나타내는 지도처럼 보여서** 이름이 붙여졌어. 참고로 나는 아날로그를 좋아해.

할게르다 오키나와 씨
(일본명:인터넷 갯민숭달팽이)

제3장 **진짜예요?**
~ 믿기지 않는 의외의 사실 ~

진짜예요?

느림보곰 씨
(일본명:나무늘보곰)

발톱으로 나무에 **매달려 있었는데 나무늘보처럼 보인다고 해서** 이런 이름이 붙여졌어……. 실례라고! 엄청 활발하게 움직이는데!

바이올린딱정벌레 씨

겉모습이 바이올린처럼 보인다고 해서 덜컥 이름이 붙여졌어. 바이올린 음색 같은 우는 소리가 유래라면 좋을 텐데……. 안타깝지만 울지 않아.

멋쟁이 씨
(일본명:거짓말)

'거짓말'이라는 이름이지만, 실제로 있다고! 몸은 땅딸막하고, 머리는 크고, 부리는 짧아. 게다가 말도 해……. 이건 거짓말이야!

129

쿠바홍학 씨
선명한 붉은색 깃털은 **태어났을 적엔 붉지 않아요**

괜찮아
먹는 게 중요하단다

엣?

어라라? 엄마, 아빠 모두 붉은데요?

🔍 쿠바홍학의 기초 지식

- **분류** 조류 홍학목
- **분포** 카리브해 연안, 갈라파고스 제도
- **크기** 전체 길이 약 120cm

깜짝 레벨
★★★★★

제3장 진짜예요?
~ 믿기지 않는 의외의 사실 ~

쿠바홍학: 하아……. 홍학의 '진짜예요?' 이야기를 해 볼게요.

우사미: 무슨 일이죠, 한숨까지 쉬면서……. 앗, 당신 하얗군요! 홍학 씨는 붉은색이 아닌가요?

쿠바홍학: 실은 하얘요. **태어났을 적엔 새하얗죠.**

캡: 그러던 게 어떻게 붉은색으로 바뀐 겁니까?

쿠바홍학: 부모가 '플라밍고밀크'라는 색소가 든 액체를 입으로 새끼에게 먹이며 길러요. 그러면 **차츰 깃털이 붉게** 바뀌죠.

우사미: 그것이 날개 색의 비밀이었군요.

쿠바홍학: 부모가 플라밍고밀크를 새끼에게 주면, 날개의 색소가 옅어지기 때문에 하얗게 변해요. 하지만 우리가 사는 호수에 있는 **규조류과 남조류 등의 조류를 먹으면 점점 붉게** 물들죠.

캡: 그렇군요. **먹는 것 때문에 붉은 깃털을 지녔군요.**

쿠바홍학: **날개의 색이 하얘면 인기가 없어요.** 저, 새끼를 기른 직후라 몸이 하얘서 인기가 전혀 없다고요……. 하아.

우사미: 어, 어서 식사를 잘 해서 붉은색으로 돌아가야겠네요!

결론

홍학의 날개 색은 <u>원래 하얘요</u>. <u>규조류와 남조류라는 조류를 먹음으로써 붉은색으로 물들어요</u>.

진짜예요 인정

131

나일악어 씨

무는 힘은 동물계 최강이지만

입을 여는 힘은 엄청 약해요

젠장… 입만 열 수 있으면!

웃차…

후우….

나일악어의 기초 지식

- 분류: 파충류 악어목
- 분포: 아프리카, 마다가스카르
- 크기: 전체 길이 약 6m

깜짝 레벨

제3장 진짜예요?
~ 믿기지 않는 의외의 사실 ~

나일악어: 으으윽. 별로 말하고 싶지 않지만 알려 주지.

우사미: 입도 몸도 엄청 커요! 이빨도 무서운 나일악어 씨! 말하고 싶은 건 뭔가요?

나일악어: 내가 **무는 힘은 2200kg 이상**이야. 동물계 최강이라고도 할 수 있지.

캡: 먹이를 물고 물속으로 끌어들인 후, 몸을 회전시켜 고기를 쪼갠다고 하죠.

나일악어: 오! 잘 아는군. 그 기술은 '죽음의 회전'이라고도 불리지. 악어의 필살기라고. 우후후~.

우사미: 그런 잘난 척은 보통 잘 안 하잖아요?

나일악어: 성급하긴. 분명 무는 힘은 자랑할 만하지만……. 반대로 **입을 여는 힘은 약해**……. 크게 연 입을 인간의 악력으로 닫을 수 있어. 붙잡히면 열 수가 없다고! 끄으으~.

진짜예요~?
그렇게 약하다는 건 의외군요!

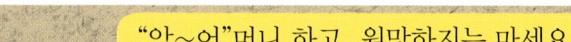

나일악어: 입을 여는 데는 강한 근육이 필요하지 않아서야. 끄으으.
"악~어"머니 하고, 원망하지는 마세요.

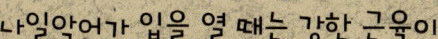

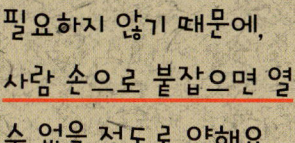
결론: 나일악어가 입을 열 때는 강한 근육이 필요하지 않기 때문에, 사람 손으로 붙잡으면 열 수 없을 정도로 약해요.

뱀장어 씨

미끈미끈한 몸에는 엄청난 비밀이 숨겨져 있어요

뱀장어의 기초 지식

- 분류: 경골어류 뱀장어목
- 분포: 서태평양과 주변 하천
- 크기: 전체 길이 1~1.3m

깜짝 레벨
★★☆☆☆

제3장 진짜예요?
~ 믿기지 않는 의외의 사실 ~

우사미:  살짝 배고파졌어요……. 다음은 뱀장어 씨! 장어구이는 엄청 좋아하는데요!

뱀장어:  이런 바보 녀석! 날 잡아먹으려 하다니!

우사미:  이~런, 미끌미끌해 붙잡히지 않아요.

뱀장어:  내 몸 표면에는 **'무틴'이라는 미끌미끌한 성분이 있지.** 이 녀석에게는 내가 사는 데 빼놓을 수 없는 엄청난 비밀이 있지.

우사미:  그냥 미끌미끌한 것만은 아닌가요? 먹는 것보다 미끌미끌한 것에 흥미가 생겼어요.

뱀장어:  미끌미끌한 물질로 덮인 덕분에 **수질이 조금 변해도 멀쩡하고, 물 밖에 나와도 수분을 몇 시간이나 보존할 수 있다고!** 그뿐만이 아니야, 오염수를 정화하기도 해.

캡:  네? 미끌미끌한 물질에 수질 정화 기능이 있나요?

뱀장어: **무틴이 진흙 입자를 한데 모아.** 그래서 오염수를 깨끗이 한다고 해.

캡: 그렇게 대단한 무틴을 여태 몰랐군요. "장어(장하)"네요!

결론

장어의 미끌미끌한 성분인 무틴은 수질 변화나 건조로부터 몸을 보호해요. 또 오염수를 정화하죠.

진짜 있어요! 출석부 ❷

그 사이즈,

멕시코도롱뇽

이번 경연 대회에 출석한 동물 중에서도 너무 작아 "진짜예요?"라고 할 만한 동물을 실물 크기로 소개합니다!

몬테 이베리아 엘레우트 씨

세계에서 가장 작은 등뼈를 지닌 동물은 우리 양서류 개구리야. **겨우 9.6~9.8mm** 정도지. 하지만 나중에 더 작은 동물이 발견될지도 몰라.

브루케시아 미크라 씨

나도 출석했어~! 코끝에서 꼬리까지 **수컷 약 1.6cm, 암컷 약 3cm 이하**인, 파충류 중 가장 작은 카멜레온이야~. 2012년에 발견됐어.

거의 **실제 크기**

제3장 진짜예요?
~ 믿기지 않는 의외의 사실 ~

진짜예요?

꿀벌벌새 씨

나는 세계에서 가장 작은 새야! **전체 길이가 5.7cm** 정도밖에 안 되고, **몸무게도 약 1.6g**이야. 꽃의 꿀을 빨아 먹으며 살고 있어. 귀엽지♥

피그미쥐리머 씨

세계에서 가장 작은 원숭이예요. 몸길이가 **5~6cm**밖에 안 돼, 커피 컵에도 들어갈 정도죠. **몸무게도 100g** 정도예요.

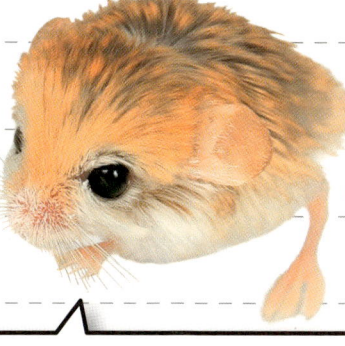

발루치스탄피그미뛰는쥐 씨

쥐 중에 가장 작아요! **몸길이 4.1cm, 몸무게 3g**이라 날 듯이 뛸 수 있어요!

파리 씨
음식을 다리로 음미해요

🔍 **파리(집파리)의 기초 지식**

- **분류** 곤충류 파리목
- **분포** 세계 각지
- **크기** 몸길이 4~8mm

깜짝 레벨
★★★★★

제3장 진짜예요?
~믿기지 않는 의외의 사실~

 파리: '파리 때리지 마라. 그들도 손이 있고 발이 있다.' …… 유명한 시 구절 중 하나지.

 우사미: 시는 잘 몰라요~. 어떤 의미인가요?

 캡: 파리를 잡으면 안 된다. 손발을 공손히 모아 '도와줘.'라고 빌고 있으니까. 그런 말 아닐까요?

 우사미: 헤에~, 그러고 보니 **파리 씨는 항상 손발을 비비고 있죠.** 뭔가를 비는 거였군요.

 파리: 아냐, 아냐. 시인에겐 그렇게 보였을지도 모르겠지만, 그건 **다리를 깨끗이 하는 것일 뿐**이라고.

 캡: 병원균 등을 옮기는 불결한 곤충인데, 본인은 깨끗한 걸 좋아하는 건가요?

 파리: 다리가 더러우면 음식을 맛볼 수 없게 돼.

 캡: 네에? 다리가 맛보는 것과 관계가 있나요?

 파리: 다리 끝에 맛과 냄새를 감지하는 기관이 있어. 그래서 다리 끝으로 맛을 본 후, 해가 없을 법한 음식을 입으로 옮겨 먹는 거지.

 우사미: 그럼 파리가 앉으면 맛을 본다는 거네요? 으악~.

 파리의 다리에는 맛을 감지하는 기관이 있어요. 다리를 깨끗이 한 후, 다리 끝으로 맛을 보면서 안전한 음식인지를 확인하죠.

진짜예요

거미 씨

취하면 거미줄 모양이 엉망이 돼요

거미의 기초 지식
- 분류: 거미류 거미목
- 분포: 아시아, 유럽, 남북아메리카
- 크기: 몸길이 7~11mm

깜짝 레벨 ★★★★☆

제3장 진짜예요?
~ 믿기지 않는 의외의 사실 ~

싫어! 이런 곳에 거미 둥지가 있다니. 머리카락에 달라붙었어요~. 싫어~!
우사미

거미
어이, 네 녀석! 한 소리 하고 싶은 건 이쪽이야. 모처럼 둥지를 꼼꼼히 지어 놨더니만 부쉈잖아.

어머? 끈적끈적해 잘 떼어지지 않는 실과 들러붙지 않고 떼기 쉬운 실이 있다고요?
우사미

거미
그건 말이지. 둥지의 중심에서 바깥을 향하는 '씨실'은 먹잇감을 잡기 위한 용도라 끈적이면서도 잘 늘어나. '날실'은 딱딱하고 끈적이지 않기 때문에 둥지를 지탱하고 이동할 때 쓰이지. 두 종류의 실 사용법이 다른 거야.

오오, 그렇게 말하는 동안 둥지를 다시 짓기 시작했군요. 정말 착실한 거미입니다.
캡

미안해요. 커피라도 드릴 테니 잠시 쉬세요.
우사미

거미
커피? 안돼, 안돼, 안돼. 거미는 그런 걸 먹었다간 취한다고. 카페인은 신경을 마비시켜. 그렇게 됐다간 둥지의 모양이 엉망이 된다고!

항상 아름다운 모양의 둥지를 짓는 거미도 카페인을 "가미"하면 엉망진창이 되는군요.
캡

결론

거미는 두 종류의 실을 이용해 아름다운 둥지를 짓지만, <u>커피 등을 마셔 취하면</u> 둥지를 <u>엉망으로 지어요</u>.

제3장 진짜예요?
~ 믿기지 않는 의외의 사실 ~

라플레시아: 반가워~. 개그 콤비 빅 플라워즈의 라플레시아와 시체꽃이랍니다~.

우사미: 우웃, 둘 다 엄청 커요!

라플레시아: 토끼 씨, 눈치챘나요? 라플레시아는 하나의 꽃으로, 시체꽃은 작은 꽃의 모임으로서 세계에서 가장 큰 크기라고 해요.

라플레시아: 어머? 당신들의 개그에 모여든 이들, 저희들 이외에는 **벌레뿐**이에요. 게다가 무슨 냄새가 나는데요.

우사미

라플레시아: 역시 냄새나죠? 사실은 말이죠…….

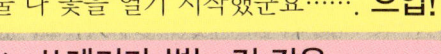
캡: 둘 다 꽃을 열기 시작했군요……. **으압!**

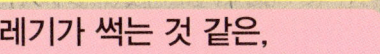
으으. 쓰레기가 썩는 것 같은, 화장실에서 나는 것 같은 냄새가…….

우사미

라플레시아: 어머~, 미안하군요. 저희가 **개화하는 동안 풍기는 지독한 냄새를 좋아하는 곤충이 모여들거든요. 그들이 꽃가루를 운반하죠**……. 으앗, 토끼 씨, 쓰러지지 마세요! 이러면 꽃가루를 옮기기 힘들겠어요.

우사미: 저희가 꽃가루보다 멀리 옮겨질 것만 같아요…….

캡: 꽃의 냄새가 닿지 않는 곳으로 벗어나야겠습니다…….

결론

라플레시아와 시체꽃은 꽃이 필 때 썩는 냄새를 풍기고, 그 냄새에 곤충이 모여들어 꽃가루를 운반해요.

진짜예요 인정

퀴즈
진짜 비교해 봤어요 ❸

가장 오래 사는 동물은 누구?

다시 등장한 **치타**, 호주에 사는 코카투에 속하는 **큰유황앵무**, 남아메리카 갈라파고스 제도에 서식하는 **갈라파고스땅거북**. 이 세 종을 장수하는 순으로 나열해 주세요!

우사미

치타	큰유황앵무	갈라파고스땅거북

정답

캡

정답은 갈라파고스땅거북 → 큰유황앵무 → 치타 순이에요! 갈라파고스땅거북은 육상 동물 중에서 가장 오래 살아요. 무려 176살이나 살았다는 기록이 있어요. 큰유황앵무의 장수 기록은 121살. 엄청 길게 사네요. 참고로, 모든 퀴즈에 등장한 치타의 평균 수명은 8~12년 정도예요!

증언자 재규어 씨

이름의 의미는 '일격에 죽이는 자'예요

콰악 한 방에!

🔍 재규어의 기초 지식
- **분류** 포유류 식육목
- **분포** 북아메리카 남부, 중앙아메리카, 남아메리카
- **크기** 몸길이 112~185cm

깜짝 레벨

제4장 위험해요!
~ 믿기지 않는 위험한 녀석들 ~

재규어

아하하! 위험한 동물 발표회가 있다고 해서 불려 왔는데, 나 그렇게 위험한가?

몸도 크고 그 강함만으로도 위험해 보입니다만…….

캡

재규어

강함이라~. 대단한 건 아니야. 다리도 느리니 말이지.

뭐야, 의외로 위험한 건 아니었네요.

우사미

재규어

아하핫. **사냥하는 장소도 딱히 가리지 않아.** 나무 위에 뱀이 있으면 **순간간에 올라가 사냥하고,** 물가에서 거북이나 물고기가 있으면 **물어 죽이지.** 물속에 있을 땐 **헤엄쳐 앞발로 마무리 짓지.** 그 정도야. 하핫.

응? 엄청 위험하게 느껴지는군요.

캡

재규어

선호하는 먹이가 없어서 말이야. **턱이 강해 악어나 아르마딜로의 단단한 등딱지도 깨물어 먹을 수 있어.** 사냥엔 대단한 기술을 쓰지 않아. 격파하듯 사냥하는 것밖에 못 하는 서툰 사냥꾼이라고, 하하하.

그, 그러고 보니 재규어 씨의 이름의 의미는 분명…….

캡

재규어

맞아. 현지 언어로 '일격에 죽이는 자'에서 **유래했다고 해.** 이거, 위험한 건가?

자각하지 못하는 게 더 무서워요…….

우사미

결론

재규어는 나무 타기와 수영이 특기이고, 턱과 다리의 힘이 아주 세요. 그래서 먹잇감을 가리지 않고 일격에 마무리 짓죠!

147

큰화식조 씨

경계심이 강하고 강력한 무기를 지닌 '세계에서 가장 위험한 새'!

🔍 **큰화식조의 기초 지식**

- **분류** 조류 화식조목
- **분포** 뉴기니섬, 호주 북부
- **크기** 전체 길이 130~170cm

깜짝 레벨
★★★★★

제4장 위험해요!
~믿기지 않는 위험한 녀석들~

> 다음은 큰화식조 씨. 특이한 이름이네요~.

우사미

큰화식조

> 아, 미안해요. 한자로 쓰면 '불을 먹는 새'로, 목에 있는 붉은 근육이 불을 먹은 것처럼 보여서 이름이 붙여졌어요. 미안해요.

> 키는 엄청 크지만 태도가 아주 겸손하군요.

캡

> 저, 조심성 많고 겁쟁이예요. 미안해요.

> 그래도 위험한 건 맞죠?

캡

> 미안해요, 위협을 느끼거나 공격받으면 볏으로……, 아니, 화가 나 성격이 바뀌어요. **시속 50km로 달릴 수 있을 정도로 다리 힘이 센 데다가, 10cm 이상이나 되는 예리한 발톱이 있죠. 이 다리로 뻥 차요.** 미안해요.

큰화식조

> 그런 다리로 차였다간…… **골절당하고 근육이 찢어지겠어요!**

우사미

큰화식조

> 미안해요, 그렇게 돼요. **상대가 죽는 경우도 있어요.** 그래서 저를 '세계에서 가장 위험한 새'라고도 불러요. 미안해요.

> 아, 아뇨……. 이쪽이야말로 실례되는 말씀을 해 죄송합니다…….

캡

결론

큰화식조는 보통은 조심성 많은 겁쟁이지만, 적에게 공격당하는 등의 상황에서는 강한 다리와 예리한 발톱으로 위험한 공격을 해요.

제4장 위험해요!
~믿기지 않는 위험한 녀석들~

블랙맘바: 이름은 '블랙'이지만 몸은 검은색이 아니라 미안해. **입속이 검기** 때문이야. 미안해.

우사미: 으……. 또 겸손한 동물이군요. 이런 패턴이라면, 당신도 엄청 위험한 동물이죠?

블랙맘바: 미안. 난 겁쟁이인데, 아프리카에서 가장 많이 피해를 주는 독뱀이라고 해…….

캡: **몸과 머리가 크고, 독도 강해** 보이는군요.

블랙맘바: 맞아. 사람이 물리면 일단 살아남지 못해. '세계에서 가장 많은 사람의 목숨을 앗아간 독뱀'으로도 불려. 미안해.

우사미: 아아……. 그건 **진짜 위험하네요.**

블랙맘바: 게다가 **이동 속도가 뱀 중에 가장 빠른 시속 20km**에 달해. 100m 달리기로 치면 18초에 골인할 수 있어. 미안해.

캡: 숲속에서 마주치면 도망갈 수 없겠군요~.

블랙맘바: 그래서 **가까이 와, 겁주거나 하지 않았으면 해.** 겁에 질리면……, 문다고. (씨익)

우사미: 꺄악~. 당신, 실은 겁쟁이 아니죠?

결론

블랙맘바는 겁쟁이지만, <u>독이 아주 강력하고, 속도도 빨라요.</u> 화나게 하면 아주 위험해요.

독화살개구리 씨

겉모습은 아름답지만
피부에 맹독이 있어요!

🔍 **독화살개구리(청독화살개구리)의 기초 지식**

- **분류** 양서류 개구리목
- **분포** 남아메리카
- **크기** 몸길이 3.0~4.5cm

깜짝 레벨
★★★★★

제4장 위험해요!
~믿기지 않는 위험한 녀석들~

우사미: 믿기지 않는 경연 대회의 위험 구역이지만, 위험이라곤 전혀 없어 보이는 아름다운 개구리 씨!

독화살개구리: 뭐, 그래! 엄청 선명한 색이니까. '정글의 보석'이라고도 불려.

캡: 하지만 이름은 독화살개구리……. 게다가 화려한 색은 **먹으면 위험하다는 것을 알리는 경계색**……. 독이 있는 거죠?

독화살개구리: 그 말대로야! 내 피부에는 1g만으로도 인간을 10만 명 죽일 수 있는 독이 있어.

우사미: 꺄악~, 어디가 '보석'이에요! 엄청 위험한 동물이잖아요!

독화살개구리: 당연히 위험하지. 이름의 '독화살'은 말 그대로 독이 묻어 있는 화살이라는 의미야. 남아메리카 원주민들은 우리의 독을 화살촉 끝에 묻혀 먹잇감을 사냥하는 데 썼다고 해. 독화살을 맞으면 몸이 마비돼 움직이지 못한다고 해.

우사미: 너무 무서워서 독이 들어오지도 않았는데 몸이 마비된 것만 같아요~.

독화살개구리: 하지만 독을 태어날 때부터 지닌 건 아니야. 독이 있는 진드기나 식물을 먹은 개미 등을 먹어, 피부에 독을 축적하지.

캡: 먹는 것으로부터 독을 저장하는 "독한" 개구리였군요.

결론

독화살개구리는 화려한 피부를 지녔고, 1g으로 10만 명의 인간을 죽일 수 있을 정도로 강력한 독을 먹이로부터 얻어요.

위험해요 인정

증언자 **동갈치** 씨

예리한 입을 지녔고
빛을 보면 돌진해요!

이거야말로 진짜 다트지!

으앗!

동갈치의 기초 지식

분류	경골어류 동갈치목
분포	한국, 남중국해
크기	전체 길이 약 1m

깜짝 레벨
★★★★☆

제4장 위험해요!
~ 믿기지 않는 위험한 녀석들 ~

동갈치

난 말이지, 외국에선 **생김새 때문에** '바늘고기'라고도 불려.

가늘고 긴 몸에 가늘고 긴 입! 태도도 겉모습도 뾰족하군요~. 보기만 해도 위험해 보여요!

우사미

동갈치

난 말이지, 보통 얕은 바다의 수면 근처에서 무리를 짓고 헤엄쳐. 그때 **작은 물고기의 비늘이 빛을 받아 반짝이면, 시속 60km의 엄청난 속도로 돌진해 잡아먹지.**

먹이인 작은 물고기에게 있어선 위험해 보입니다만……. 먹이 이외에는 안전하지 않습니까?

캡

동갈치

아니야. 밤에 사람이 낚시나 다이빙을 할 때 라이트를 켜면, **그 빛을 향해 돌진해.** 속도와 힘도 있으니 입이 날카롭게 되지. 그러면…….

박히는군요…….

우사미

동갈치

맞아, 콱 하고 말이야! **야간 낚시에서 조명을 켜고 해수면을 비췄다간, 머리를 향해 돌진할 수도 있다고!** 지역에 따라서는 **자주 일어나는 사고지.**

히에엑……. 마치 인간을 표적으로 한 다트……랑 똑같지 않습니까!

캡

결론

동갈치는 작은 물고기의 비늘에 반사된 빛을 향해 돌진하는 습성이 있어, <u>사람의 라이트 등에도 반응해 몸에 박히는 사고가 일어나고 있어요.</u>

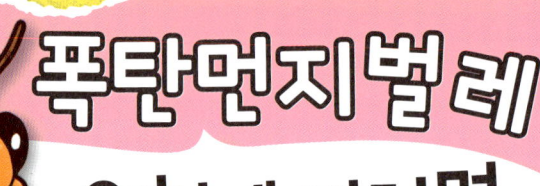

폭탄먼지벌레 씨

위험에 빠지면
100도에 달하는 가스를 분사해요!

폭탄먼지벌레의 기초 지식

- **분류** 곤충류 딱정벌레목
- **분포** 한국, 일본, 중국
- **크기** 몸길이 15~17mm

깜짝 레벨
★★★★★

제4장 위험해요!
~ 믿기지 않는 위험한 녀석들 ~

폭탄먼지벌레: 노린재나 딱정벌레 등 지독한 냄새를 풍겨 몸을 지키는 '방귀벌레'가 가득하더군. 그중에서도 **최강이 바로 이 몸이야.** 후후훗.

우사미: 곤충계의 **방귀 챔피언**이군요!

폭탄먼지벌레: '방귀벌레'라고 했지만, **내뿜는 건 방귀가 아니야! 그 정체는 독가스라고.** 하하하! 엉덩이에서 푹 하는 소리와 함께 내뿜지.

캡: 독가스의 냄새가 최강인 겁니까?

폭탄먼지벌레: 냄새도 냄새지만 **최강인 건 그 온도지. 무려 100도에 달한다고!**

우사미: 엄청 뜨겁잖아요! 화상 입겠어요!

폭탄먼지벌레: 당연하지. 하하하. 개구리가 꿀꺽 삼켜도 **독가스로 공격하면 그 녀석은 참지 못하고 뱉어 버리지.** 입안에는 당연히 엄청난 화상을 입어. 하하하. **사람이 만지면, 피부가 벗겨지거나 가려울 수 있어.**

캡: '와~.' 하고 감탄하고 있을 때가 아니군요. 만약 실수로 만지기라도 하면 미안해요. 독가스 "폭탄"은 자제해 주세요~.

 결론

폭탄먼지벌레가 몸을 지키기 위해 내뿜는 방귀 같은 독가스는 100도에 달하는 고온이며, 피부가 벗겨지거나 가려움을 유발할 수 있어요.

기름갈치꼬치 씨

증언자

사람이 너무 많이 먹으면 설사가 멈추지 않아요!

어… 어제 먹은 기름갈치꼬치가…!

※ 먹으면 안 돼요

화장실

예에에

히에에에

아빠, 아직 이에요~?

응찔 응찔

🔍 **기름갈치꼬치의 기초 지식**

분류 조기어류 고등어목
분포 온대와 열대 바다
크기 몸길이 약 1.5m

깜짝 레벨
★★★★★

158

제4장 위험해요!
~ 믿기지 않는 위험한 녀석들 ~

기름갈치꼬치: 난 몸이 크고 힘이 강해 **낚시 대상으로 인기가 많은 물고기야.** 게다가 **몸에 기름이 잘 올라 있어 부드럽고 식감도 좋지!**

우사미: 네? 저, 꽤 미식가지만 몰랐어요. 기름갈치꼬치 씨, **생선 가게에서 팔고 있진 않은데요?**

기름갈치꼬치: 맞아. 낚시꾼이 낚아 먹을 수 있는 정도지. **우리나라에서 판매가 금지됐어. 먹으면 엄청 위험해서야!**

캡: 독이라도 들었나요?

기름갈치꼬치: 맞아~! 다만 흔히 아는 독이랑은 다른데, **많이 먹으면 속이 아프지!**

우사미: 배탈이 나는 정도로 끝나면, 한번 맛보곤 싶은데요…….

기름갈치꼬치: 게다가! **고기를 이루는 기름의 성분인 겜필로톡신(Gempylotoxin)은 사람이 소화할 수 없어, 자신의 의사와는 관계없이 엉덩이의 구멍에서 기름이 줄줄 흘러나온다고!**

우사미: 그건 싫어요! 위험해요! 절대 안 먹을래요!

캡: 우사미 양, 당신이 미식가라고는 해도 토끼입니다. 애당초 먹을 일 없어요!

결론

기름갈치꼬치는 먹으면 맛있는 물고기지만, <u>그 기름 성분은 인간이 소화할 수 없어, 기름이 엉덩이의 구멍에서 줄줄 흘러나와요.</u>

붉은사슴뿔버섯

만지기만 해도 위험한 **맹독 버섯**

증언자

우릴 건드리면 화상으로 끝나지 않는다고!

덤벼, 덤벼!

휘익

휙

가, 가까이 오지 마세요…

캡틴

붉은사슴뿔버섯의 기초 지식

- **분류** 균류 동충하초목
- **분포** 한국, 일본, 유럽
- **크기** 높이 3~13cm

깜짝 레벨

제4장 위험해요!
~ 믿기지 않는 위험한 녀석들 ~

다음은 버섯입니다만, 붉은사슴뿔버섯……. 고급 버섯인가요? 값이 너무 비싸 위험한 건 아니겠죠?
캡

붉은사슴뿔버섯
웃기지 말라고~! 팔지 않는다고! 왜냐면 **맹독 버섯**이니까!

불타는 화염 같은 색과 모양이네요. 혹시 **만지면 화상이라도 입게 되나요?**
우사미

붉은사슴뿔버섯
화상은 입지 않아! 하지만 **만지는 것만으로도 피부염을 일으키니, 그냥 넘어가진 않는다고~!**

맹독 버섯이라도 만지는 것 정도로는 멀쩡한 게 대부분입니다만……. 이건 위험하군요.
캡

붉은사슴뿔버섯
한 입 먹기라도 했다간 머리를 얻어맞은 것 같은 아픔이 일면서……! 삼키면 욕지기, 설사가 찾아오고……! 간과 콩팥이 망가지고 호흡도 힘들어지면서……. 2~3일 내로 고통에 몸부림치다 사망하게 되지!

꺄악~! 살 방법은 없나요?
우사미

붉은사슴뿔버섯
사는 경우도 있지. 하지만 **뇌에 악영향을 주기 때문에 건강한 몸으로 돌아갈 순 없다는 걸 명심해!** 그러니 나를 산에서 발견해도 **절대 만지지 말라고!**

결론

붉은사슴뿔버섯은 만지는 것만으로도 위험한 맹독을 지녔어요. 만약 먹으면 며칠 내로 고통 속에서 사망에 이르러요. 살아도 장애가 남죠.

독해파리 좌담회

해파리도 진짜 위험해요!

사회자: 멕시코 도롱뇽

좌담회 참가자:

이루칸지입방해파리 씨 / 고깔해파리 씨 / 상자해파리 씨

상자해파리: 우린 정말 야비하다고~.

이루칸지입방해파리: 맞아, 맞아. 난 호주의 원주민으로부터 '보이지 않는 괴물'이라고 불리기도 해.

 **멕시코도롱뇽**: 이야~. 그것만으로도 위험해 보이는군요! 무슨 뜻이죠?

이루칸지입방해파리: 나, 갓의 지름이 5cm 정도로 작고 투명해. 눈에 잘 띄지 않으니, 헤엄치고 있는 인간은 눈치채지 못해 종종 독침에 찔린다고 해. 혈압이 오르거나 죽음에 이르기도 해!

고깔해파리: 나는 선명한 파란색이고 바다에 둥둥 떠 있으면 인간과 딱 마주칠 일은 적지만……, 해안에서도 야비하지.

 **멕시코도롱뇽**: 바다에서 생활할 텐데, 어째서 육지로 올라오나요?

고깔해파리: 올라오면 죽어. 하지만 강한 독은 남아 있지. 그래서 맨손으로 무심코 만지면 큰일 날 수 있어! 전기 충격을 맞은 것 같은 쇼크가 올 수 있다고.

 상자해파리
 이루칸지입방해파리
 이루칸지입방해파리
 고깔해파리
 고깔해파리

제4장 위험해요!
~ 믿기지 않는 위험한 녀석들 ~

최강 공포 해파리 트리오

엇? 어디에 있게?

이루칸지입방해파리

고깔해파리

나를 만지면 마비 된다고!!

먹이는 놓치지 않아!

상자해파리

이루칸지입방해파리

하지만 우리들의 왕자는 역시 상자해파리지.

상자해파리

뭐 그래. 내 독은 **독을 지닌 동물 중에서도 가장 강력하니까.** 촉수의 독침에 찔리면 **극심한 고통과 더불어 쇼크사하게 되고, 심장 마비를 일으켜.** 그것뿐만이 아니야.

멕시코도롱뇽

더 남았나요? 너무 무서워 듣기 꺼려집니다만…….

해파리는 보통 눈이 없지만, 내겐 있어. 그리고 자신의 의사로 초속 1.5m의 속도로 헤엄치는 동물을 쫓아 독침으로 공격할 수 있지! 인간을 쫓는 경우는 없지만, 독침에 찔리는 순간 끝이라고.

상자해파리

멕시코도롱뇽

저, 이젠 바다에 가는 게 너무 무서워졌습니다…….
아, 멕시코도롱뇽은 애당초 바다에 가지 않죠.

바비루사 씨

증언자

길게 휘어 난 엄니가

머리를 뚫기도 해요

위... 위험하다고!

덜덜덜덜덜덜

🔍 **바비루사의 기초 지식**

분류	포유류 소목
분포	인도네시아(술라웨시섬)
크기	몸길이 87.5~106.5cm

깜짝 레벨
★★★★☆

제4장 위험해요!
~ 믿기지 않는 위험한 녀석들 ~

우사미: 응? 바비루사 씨의 **길고 굽은 엄니**……. 잠깐만요! **피부를 찌르고 있는데요?**

바비루사: 좋은 점을 짚었어. **엄니는 수컷에게만 있지만, 위턱의 두 쌍은 코 위로 피부를 뚫듯 자라지**…….

우사미: 히에에엑, 어째서 그런…….

바비루사: 아무래도 암컷에겐 **엄니가 훌륭한 수컷이 인기가 많은 듯해.**

캡: 수컷의 훌륭한 엄니를 좋아하는군요. 그래서 발달시켰더니 이렇게 됐다는 말씀이신가요.

바비루사: **수컷끼리 암컷을 둘러싸고 싸울 때는 상대의 엄니를 부러뜨려 경쟁자를 제거하기도 해.**

우사미: 에? 잠시만요! **굽은 엄니가 그대로 자라면 위험하지 않나요?**

바비루사: 코 위에서 머리 쪽으로 자라게 되니……. **어쩌면 엄니가 머리를 뚫고 자랄 수도 있겠지.** 그래서 '**자신의 죽음을 바라보는 동물**'로도 알려져 있어.

캡: 엄니를 부러뜨려 인기가 없어지는 것도 곤란합니다만, 자신의 머리를 찔러 죽음에 이르는 것도 위험해 보입니다…….

결론

바비루사의 위턱에 있는 엄니는 코의 피부를 관통하고 계속 자라요. 이윽고 머리를 뚫고 죽음에 이르기도 해요.

위… 위험하다고?

위험해요 인정

땅돼지 씨

몸은 아주 견고하지만 머리가 매우 약해요

땅돼지의 기초 지식

- **분류**: 포유류 관치목
- **분포**: 아프리카(사하라 사막 이남)
- **크기**: 몸길이 100~158cm

깜짝 레벨

제4장 위험해요!
~믿기지 않는 위험한 녀석들~

> 돼지 같은 코에 토끼 같은 귀, 캥거루 같은 꼬리에 긴 혀……. **땅돼지 씨는 겉모습이 아주 특이하군요.**

캡

땅돼지

> 나, 이렇게 생겼지만 위험한 이야기가 있어.

> 사실 맹수처럼 위험한 건가요? 특히 **그 예리한 발톱이 위험한 건가요?**

우사미

땅돼지

> **발톱은 단단해.** 하지만 **구멍을 파거나 흰개미 둥지를 부술 때만 사용하니** 위험하진 않아. **몸도 견고하지.** 사자의 발톱 공격도 견딜 수 있어. **다리도 견고해.** 하룻밤 동안 30km를 이동했다는 기록도 있어.

> 꽤 터프하시군요.

캡

땅돼지

> 하지만……, 난 **머리가 약해.** 흰개미 등을 핥아 먹으며 생활하다 보니 **이빨도 거의 없고, 턱이 약해.** 그 결과 **머리뼈도 약해졌어.**

> 머리는 보통 단단하죠. 그런데 부드러운가요?

우사미

땅돼지

> 맞아. 그래서 **바위처럼 단단한 물체에 머리를 부딪치면, 그것만으로도 바로 사망에 이를 수 있어.**

> 머리에 뚜껑이라도 씌워야겠군요.

캡

결론

땅돼지는 몸과 다리가 견고하지만, 머리뼈가 약하기 때문에, 머리를 단단한 물체에 부딪치는 것만으로도 사망에 이를 수 있어요.

진짜 있었어요!
오해투성이

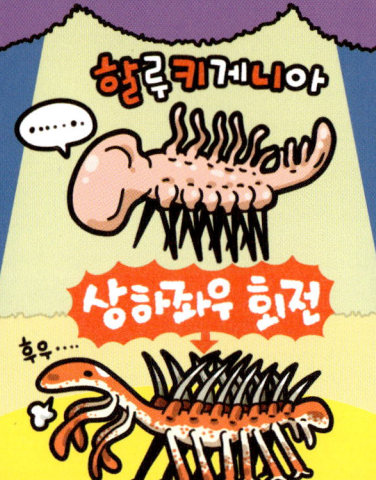

할루키게니아 씨

저는 지금으로부터 약 5억 4,100만~4억 8,540만 년 정도 전의 **고생대·캄브리아기 바다**에 살았어요. 그런 오랜 옛날의 조상이지만, 살짝 화가 났어요. 왜냐하면 **살아 있던 시절의 모습이 복원됐을 때, 머리를 엉덩이, 엉덩이를 머리로 앞뒤를 착각했거든요!** 게다가 등에 두 열로 난 가시를 다리로 착각했죠……. 즉, 상하좌우가 뒤바뀌었던 거예요! 흥, 흥!

오파비니아 씨

나도 캄브리아기의 생물이지만 지금도 화나는 일이 있어! 내 화석으로부터 **살아 있던 시절의 모습이 복원됐을 때, 위아래를 착각했기 때문이야!** 뭐, 그건 그렇다고 치자. 정말 화가 났던 건 그 모습이 학회에 발표되었을 때의 일이야. 지금의 생물과는 아주 다른 모습에 학자들이 폭소했다니까. 실례였다고!

고생물

멕시코 도롱뇽

먼 옛날 멸종했기 때문에 대회에 출석하지 못한 동물들 중에는, 진짜 있었다고는 믿기지 않는 동물도 있습니다! 이번에 특별히 공간을 마련해 초대했습니다!

아노말로카리스
몸도 있다고!
새우…?

디킨소니아
동물이야~
동물… 아니, 방석…?

아노말로카리스 씨

마찬가지로 **캄브리아기**에 서식했던 나도 오해가 있었어. **얼굴에 두 개의 커다란 촉수가 있지?** 처음에는 이 부분의 화석만 발견됐는데……. **촉수를 본 사람들이 새우 같은 생물이라고 생각했던 거야.** 그 때문에 **'이상한 새우'**라는 의미로 **'아노말로카리스'**라는 이름이 붙여졌지. 그 이후 몸의 다른 부분에 해당하는 화석도 발견돼 다행이었지만…….

디킨소니아 씨

이 몸은 더 오래 전인 6억 3,500만 년~5억 4,100만 년 전의 **선캄브리아기 시대 ·에디아카라기**에 서식했지. 이불 같은 **타원형 모양의 화석이 발견돼**, '생물일 가능성은 높지만, 아닐지도 모른다…….'라는 미묘한 견해가 있었단 말이지. **회의는 몇십 년이나 이어졌지만, 결국 지구에서도 가장 먼저 나타난 생물**이라는 게 밝혀졌어. 2018년 9월의 일이야. 아주 최근이지!

진짜 있었어요!
말도 안 되게 거대한

 **메갈로돈 씨**

지금으로부터 약 6,600만 년 전 바다를 헤엄쳐 다녔던 게 바로 나라고! 지금은 가장 큰 상어가 6m라지? 아주 조그맣군! **이 몸은 역사상 가장 큰 상어로서 그 크기만 해도 20m가 넘었다고 해.** 상어라고 하면 예리한 이빨로 유명하지만, **이 몸의 이빨은 길이만 17cm에 달했지.** 이걸로 고대의 고래도 공격했었지!

 **메가테리움 씨**

나~, 전체 길이가 **6m**에 달해~. 몸무게는 **3톤**이나 되고~. 그런 내가 말이야~, 멸종했지만~, 자손은 살아 있다고~. 누구라고 생각해~? 실은~ **나무늘보야~.** 조금은 닮았지~? 나~, 움직임은 느리지만~, 나무에 오르거나 매달릴 수 있어~. 하지만~, **긴 발톱으로~** 적과 싸우기도 했다고~.

고생물

멕시코 도롱뇽

먼 옛날 살았던, 믿기지 않는 거대한 동물이라 하면, 공룡을 떠올리죠. 하지만 멸종한 조상 중에는 공룡과는 비교도 안 되게 거대한 동물이 있었어요! 그래서 시공을 넘어, 다시 초대해 봤습니다!

아르켈론 씨

나는 북아메리카 대륙의 바다에 살았던 **역사상 가장 큰 바다거북이야!** 전체 길이 4m에 지느러미가 되는 앞다리를 펼치면 폭이 무려 5m에 달한다고! 딱딱하고 예리한 주둥이로 암모나이트처럼 딱딱한 껍데기를 지닌 동물을 먹었어. 바다의 왕자……였다고 해도 좋을 법하지만, 헤엄이 능숙하지 않았고 등딱지에 다리를 넣어 둘 수도 없었지…….

메가네우라 씨

현재 세계에서 가장 크다고 일컬어지는 잠자리는 호주에 사는 인젠티시마잠자리라고 해. 날개에서 날개까지의 거리가 16cm라고 하지. 뭐, 크긴 하지만 그래도 내가 훨씬 크다고! 무려 **70cm였다고!** 물론, **역사상 가장 컸던 곤충**이지. 다만, 잠자리와 닮았지만, 실은 **멸종한 '원시잠자리'라는 종에 속해서, 지금의 잠자리와는 관계없다**고 해.

앞으로도 '난 진짜예요!'는 계속됩니다!

색인

이 책에 등장하는 동물을 종별로 가나다순으로 소개하고 있어요!

포유류

느림보곰	129
돼지	118
두건물범	78
땅돼지	166
바비루사	164
발루치스탄피그미뛰는쥐	137
벌거숭이뻐드렁니쥐	18
불테리어	116
사이가산양	22
사자	58
사향고양이	24
사향노루	126
삼색 고양이	124
아프리카들개	116
아프리카코끼리	72
오카피	122
웜뱃	74
재규어	146
점박이하이에나	58
치타	70, 116, 144
코알라	58
코주부원숭이	16
피그미쥐리머	137
하마	120
해달	20
혹등고래	76

조류

검독수리	40
금조	88
꿀벌벌새	137
누벨칼레도니까마귀	86
두견	42
매	70
멋쟁이	129
쿠바홍학	130
큰유황앵무	144
큰코뿔새	44
큰화식조	148
타조	38

파충류

갈라파고스땅거북	144
나일악어	132
날도마뱀	92
날도마뱀붙이	92
바실리스크이구아나	90
브루케시아 미크라	136
블랙맘바	150
비단뱀	38
뿔도마뱀	94
코모도왕도마뱀	48
큰머리거북	46

양서류

개구리	96
독화살개구리	152
두꺼비	50
멕시코도롱뇽	14

몬테 이베리아 엘레우트 ········· 136
물저장개구리 ········· 52

어류

괭이상어 ········· 38
기름갈치꼬치 ········· 158
날치 ········· 92
남극빙어 ········· 32
동갈치 ········· 154
돛새치 ········· 70
마귀상어 ········· 82
물총고기 ········· 80
뱀장어 ········· 134
빨판상어 ········· 34
시클리드 ········· 30
오점촉수 ········· 128
전기뱀장어 ········· 84
클라운피시 ········· 26
해마 ········· 28
흰점박이복어 ········· 36

곤충류

꿀단지개미 ········· 54
나방나비 ········· 62
노린재 ········· 102
바이올린딱정벌레 ········· 129
쇠똥구리 ········· 56
일본꿀벌 ········· 100
자폭 개미 ········· 98
파리 ········· 138
폭탄먼지벌레 ········· 156
황금보석딱정벌레 ········· 60

고생물

디킨소니아 ········· 169
메가네우라 ········· 171
메가테리움 ········· 170
메갈로돈 ········· 170
아노말로카리스 ········· 169
아르켈론 ········· 171
오파비니아 ········· 168
할루키게니아 ········· 168

식물

꿀벌 난초 ········· 114
라플레시아 ········· 142
시체꽃 ········· 142
회전초 ········· 68

기타

거미 ········· 140
고깔해파리 ········· 162
딱총새우 ········· 106
레우코클로리디움 파라독섬 ········· 64
물벼룩 ········· 112
복서게 ········· 104
붉은사슴뿔버섯 ········· 160
상자해파리 ········· 162
연가시 ········· 66
이루칸지입방해파리 ········· 162
할게르다 오키나와 ········· 128
해삼 ········· 108
흉내문어 ········· 110

- ●감수　　이마이즈미 타다아키
- ●글　　　고자키 유우
- ●일러스트　요시무라 요시유키
- ●사진　　shutterstock, pixma, 포토 라이브러리
- ●디자인　안바타 오피스

오해받는 동물의 속사정 난 진짜예요!

글 고자키 유우
감수 이마이즈미 타다아키
역자 나정환
찍은날 2019년 12월 23일 초판 1쇄
펴낸날 2020년 8월 31일 초판 2쇄
펴낸이 홍재철
편집 정연주
디자인 박성영
마케팅 황기철·안소영
펴낸곳 루덴스미디어(주)
주소 경기도 고양시 일산동구 무궁화로 43-55, 604호(장항동, 성우사카르타워)
홈페이지 http://www.ludensmedia.co.kr
전화 031)912-4292 | 팩스 031)912-4294
등록 번호 제 396-3210000251002008000001호
등록 일자 2008년 1월 2일
ISBN 979-11-88406-76-0   73490

결함이 있는 책은 구입하신 곳에서 바꾸어 드립니다.
값은 뒤표지에 있습니다.

이 도서의 국립중앙도서관 출판시도서목록(CIP)은 e-CIP홈페이지
(http://www.nl.go.kr/ecip)에서 이용하실 수 있습니다. (CIP제어번호 : CIP2019052150)

Original Japanese title : Majinandesu
Copyright © Gakken
First published in Japan 2019 by Gakken Plus Co., Ltd., Tokyo
Korean translation rights arranged with Gakken Plus Co., Ltd.
through JM Contents Agency Co.